Der Prophet

Khalil Gibran

Der Prophet

Illustrationen Michele Ferri

mit einem Vorwort von
Marc de Smedt

Walter Verlag
Zürich und Düsseldorf

Vorwort

Ein Sucher der Stille

Die gesamte Schöpfung existiert in dir, und alles, was in dir ist, existiert auch in der Schöpfung. Es gibt keine Grenze zwischen dir und dem, was in deiner nächsten Nähe ist, genauso wie es keine Entfernung gibt zwischen dir und dem, was dir am fernsten ist. Und alles, sei es niedrig oder erhaben, sei es gering oder groß, ist von gleichem Wert. Ein einziges Atom enthält alle Elemente der Erde. Eine einzige Bewegung des Geistes beinhaltet alle Gesetze des Lebens. In einem einzigen Tropfen Wasser finden wir das Geheimnis des endlosen Ozeans. Eine einzige Erscheinungsform deiner selbst enthält alle Erscheinungsformen des Lebens.

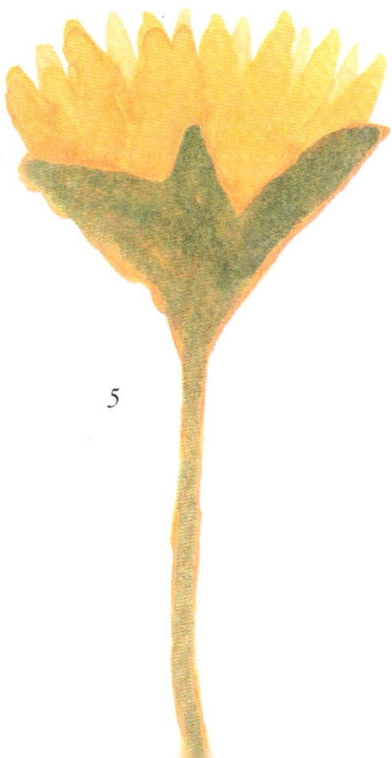

Khalil Gibran, der Autor des *Propheten,* wurde 1883 in Becharré geboren, einer Stadt gelegen auf einem Felssporn im gebirgigen Norden des Libanon, unweit des heiligen, in der Antike berühmten Zedernwaldes.

Sein Vater war kein einfacher Hirte, sondern Schafzüchter und -händler, seine Mutter, Tochter eines maronitischen Christen – Gibran war getaufter Maronit. Seine Grundschulausbildung erhielt er in Arabisch und Syrisch, bis er, im Alter von zwölf Jahren, mit seinem Bruder, seinen beiden Schwestern und seiner Mutter in die Vereinigten Staaten auswanderte. Die Familie ließ sich in Boston nieder und eröffnete ein Lebensmittelgeschäft. Eineinhalb Jahre lang besuchte Khalil eine amerikanische Schule. Schließlich schickte ihn die Mutter auf sein Drängen zurück in den Libanon, wo er an der berühmten Maronitenschule *Al-Hikmat,* der «Schule der Weisheit», in Beirut sein Abitur ablegte. Dort erwachte sein Interesse an internationalem Recht und Religionsgeschichte.

Nach einer ersten – unglücklichen – Liebe begab er sich mehrere Jahre lang auf Reisen und besuchte die Stätten der Kunst und Kultur der Antike in Griechenland, Italien, Spanien und schließlich Paris, wo er sich niederließ, um Malerei zu studieren und sich dem Schreiben zu widmen. Sein Buch *Rebellische Geister,* das an der Verlogenheit der libanesischen Gesellschaft, dem Status der Frauen und der Praxis von Familien arrangierter Eheschließungen scharfe Kritik übte, wurde seinerzeit unter türkischer Herrschaft öffentlich verbrannt und in führenden maronitischen Kreisen als Gotteslästerung verurteilt.

1903 kehrte Gibran nach Boston zurück, wo seine Mutter im Sterben lag. Im selben Jahr starb auch eine seiner beiden Schwestern und sein Bruder. Wie betäubt von Schmerz und Leid machte er sich an die englische Ausgabe des *Propheten,* dessen ursprüngliche Fassung er im Alter von fünfzehn Jahren in arabischer Sprache geschrieben hatte. Erst nach zwanzig Jahren, nach zwei Überarbeitungen in arabischer und vier in englischer Sprache, stimmte er der Veröffentlichung der endgültigen Fassung zu, die sein Meisterwerk werden sollte.

Kurz vor seiner erneuten Abreise nach Paris, wo er seine Studien der Malerei fortzusetzen beabsichtigte (die Malerei bedeutete ihm ebenso viel wie sein schriftstellerisches Werk, das inzwischen auf etwa zwanzig Publikationen angewachsen war), gab er sich in einem Brief an einen befreundeten Dichter als leidenschaftlicher Künstler zu erkennen, der sich einzig durch die Kunst über die *conditio humana* zu erheben vermag:

> *«Meine Gesundheit ist, Du weißt es, wie eine Geige in den Händen einer Person, die sie nicht zu spielen und ihr nur Mißtöne zu entlocken versteht. Meine Gefühle gleichen einem Ozean mit Ebbe und Flut. Meine Seele scheint mir wie ein Vogel mit gebrochenen Flügeln. Sie leidet unsäglich beim Anblick der am Himmel ziehenden Schwärme, denen sie nicht nacheifern kann. Aber wie die Vögel liebt sie die Stille der Nacht, die Morgendämmerung, die Strahlen der Sonne und die Schönheit des Tales. Gelegentlich male und schreibe ich, und dabei fühle ich mich wie ein kleines Schiff zwischen den unendlichen Tiefen eines Ozeans und einem Himmel von grenzenlosem Blau – seltsame Phantasien, erhabene Sehnsüchte, große Hoffnungen, Gedanken, zersplittert und zusammengefügt. Und in all dem ist etwas, das man gemeinhin Verzweiflung nennen würde – ich nenne es Hölle.»*

1908 arbeitete Gibran an der Akademie der Schönen Künste, er verkehrte mit Debussy, Maeterlinck, Edmond Rostand und anderen Berühmtheiten seiner Zeit. In besonderer Weise verband ihn eine tiefe Freundschaft mit dem Bildhauer Rodin. Bei ihm nahm er in Paris Unterricht, in dieser «Stadt der Künste», in diesem «Herzen der Welt», wie er Paris gern bezeichnete.

1910 kehrte er nach Boston zurück und richtete sich endgültig in New York ein. Vor und nach dem ersten Weltkrieg gewann Gibran immer mehr an Ansehen. Er richtete mehrere Ausstellungen in verschiedenen Galerien aus und schuf unter anderem mit kurzen Essays, Romanen, Gedichten, Erzählungen und Aphorismen ein bedeutendes literarisches Werk – immer befaßt mit existentiellen Fragen des täglichen Lebens. Ein Zirkel von Literaten namens *Arrabitah,* zu dessen Präsident Gibran gewählt wurde, versammelte alle herausragenden Persönlichkeiten der arabischen Welt, die in die Vereinigten Staaten immigriert waren.

Der Prophet wurde 1923 veröffentlicht.

Ein Brief aus dem Jahr 1928 an May Ziadeh, eine seiner (zahlreichen) Musen, wirft ein Licht auf die Quellen seiner schöpferischen Energie:

«Seit meiner frühesten Kindheit verdanke ich den Frauen, was ich mein ‹Selbst› nenne. Die Frauen haben mir die Augen geöffnet und meine Seele entsiegelt. Ohne die Frau-Mutter, die Frau-Schwester und die Frau-Freundin hätte ich wie manch anderer nur die Bequemlichkeit gesucht und dabei mein Leben verschlafen.»

Aus einem seiner letzten Lebensjahre datiert eine wundervolle Anekdote, die ich an dieser Stelle wiedergeben möchte. Als ihn Barbara Young einmal in seinem Atelier aufsuchte, sagte er zu ihr: *«Einer wird den anderen erst dann wirklich verstehen, wenn wir uns mit sieben Worten verständigen können.»* Er hielt kurz inne und bat dann Miss Young zu erraten, welches diese sieben Worte sein könnten. Als sie zögerte, sagte Gibran langsam in einem Atemzug: *«Meine sieben Worte lauten: Sie, Ich, Nehmen, Gott, Liebe, Schönheit, Erde.»* Und er verband diese Worte zu einem Gedicht:

«Liebe, nimm mich.
Nimm mich, Schönheit.
Nimm mich, Erde.

Ich nehme euch,
Liebe, Erde, Schönheit,
Ich nehme
Gott.»

Seine außergewöhnliche metaphorische Begabung läßt uns von einer ganz anderen Wirklichkeit träumen, die uns zugleich traurig stimmen mag. Während wir uns von diesem meisterlichen Buch, von seiner Poesie und seiner Symbolhaftigkeit gefangennehmen lassen – etwa von der Darstellung des Ozeans, den nichts verschmutzen kann, und eines Dunstes, den der Wind verweht, wissen wir doch nur allzu gut, daß auch die Ozeane verschmutzt und die Winde vergiftet sein können.

Dennoch: der Genius Gibrans fügt sich in unsere Zeit wie in die seine.

Philosophia perennis, ewiges Wissen um den Zusammenhang der Dinge – es behält seine Gültigkeit.

Khalil Gibran verstarb am 10. April 1931 im Alter von achtundvierzig Jahren im Hospital Saint Vincent in New York. Seine sterblichen Überreste wurden, wie er es verfügt hatte, in den Libanon überführt und in dem alten Wüstenkloster *Mar Sarkis im Wadi Kadisha,* dem «Heiligen Tal», unweit Becharré beigesetzt.

Ein Jahr vor seinem Tod hatte er gesagt: *«Warum habe ich all diese Artikel und Erzählungen geschrieben? Ich kam in die Welt, um zu leben und um ein Buch zu schreiben – ein einziges schmales Buch, ich wurde geboren, um zu leben und zu leiden und um das Wort lebendig werden zu lassen und ihm Flügel zu verleihen.»*

Hier liegt es nun vor, dieses Buch, dieses Wort, diese Worte.

Möge die Veröffentlichung dieses großen klassischen Werkes, von Michele Ferri mit feinem künstlerischen Gespür illustriert, auch in Zukunft Einsicht gewähren in das Wesen von Schönheit, gepaart mit geistiger Durchdringung. Wir verdanken ihm ein wahres Lehrstück der Bewußtwerdung – ihm, der bezeichnet worden ist als Mystiker und Philosoph, als Gläubiger und Ketzer, als Rebell, als ewiger Mensch. Er, der Poet des Libanon, hinterläßt uns eine Botschaft von zeitloser Wahrheit.

Marc de Smedt

Der Prophet

Almustafa, der Erwählte und Geliebte, der seiner Zeit eine Morgenröte war, hatte zwölf Jahre in der Stadt Orphalese auf sein Schiff gewartet, das wiederkommen und ihn zur Insel seiner Geburt zurückbringen sollte.

Und im zwölften Jahr, am siebten Tag des Jelul, des Monats der Ernte, erstieg er den Hügel jenseits der Stadtmauern und schaute zur See; und er sah sein Schiff mit dem Nebel nahen.

Da wurden die Tore seines Herzens aufgeschwungen, und seine Freude flog weit über das Meer.

Und er schloß die Augen und betete in der Stille seiner Seele.

Aber als er den Hügel hinabstieg, überkam ihn eine Traurigkeit, und er dachte in seinem Herzen:

Wie soll ich in Frieden und ohne Trauer gehen?

Nein, nicht ohne Wunde im Geist werde ich diese Stadt verlassen.

Lang waren die Tage der Qual, die ich in ihren Mauern verbrachte, und lang waren die Nächte der Einsamkeit; und wer kann seine Qual und seine Einsamkeit ungerührt hinter sich lassen?

Zu viel von meinem Geist habe ich in diesen Straßen verströmt, und zu zahlreich sind die Kinder meiner Sehnsucht, die nackt in diesen Hügeln wandern, und ich kann mich nur schwer und mit Schmerzen von ihnen zurückziehen.

Es ist kein Gewand, das ich heute ablege, sondern eine Haut, die ich mir mit eigenen Händen abreiße.

Auch ist es kein Gedanke, den ich hinter mir lasse, sondern ein Herz, süß vor Hunger und Durst.

Doch kann ich nicht länger bleiben.

Das Meer, das alles zu sich ruft, ruft mich, und ich muß das Schiff besteigen.

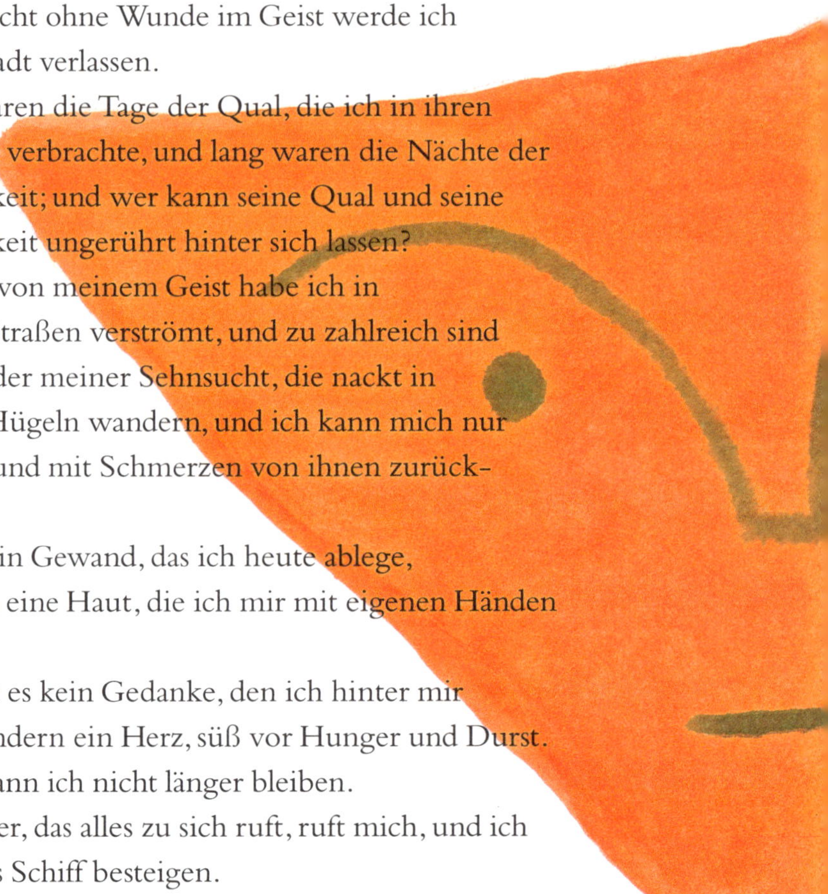

Denn zu bleiben, auch wenn die Stunden in der Nacht brennen, hieße zu gefrieren und unbeweglich zu werden und in einer Form zu erstarren.
Gern nähme ich alles, was hier ist, mit mir. Aber wie wäre mir das möglich?
Eine Stimme kann nicht die Zunge und die Lippen mit sich tragen, die ihr Flügel gaben. Allein muß sie in den Äther hinaus.
Allein und ohne sein Nest muß der Adler zur Sonne fliegen.

Als er nun unten am Hügel angekommen war, wandte er sich wieder dem Meer zu, und er sah sein Schiff in den Hafen einlaufen und auf dem Bug die Seeleute, die Männer seines eigenen Landes.
Und seine Seele rief hinaus zu ihnen, und er sagte:
Söhne meiner ehrwürdigen Mutter, ihr Reiter der Gezeiten, wie oft seid ihr in meinen Träumen gesegelt.
Und nun kommt ihr in meinem Wachen, das mein tieferer Traum ist.

Ich bin bereit zu gehen, und meine Ungeduld
erwartet mit gesetzten Segeln den Wind.
Nur einen Atemzug noch will ich tun in dieser stillen
Luft, nur einen liebenden Blick noch zurückwerfen,
Und dann werde ich unter euch stehen, ein
Seefahrer unter Seefahrern.
Und du, unermeßliches Meer, schlafende Mutter,
Die du allein dem Fluß und dem Strom Frieden und
Freiheit bist,
Nur eine Biegung noch wird dieser Strom machen,
nur ein Murmeln noch in diesem Hain,
Und dann werde ich zu dir kommen, ein grenzen-
loser Tropfen in einem grenzenlosen Ozean.
Und als er weiterging, sah er von weitem Männer
und Frauen ihre Felder und Weinberge verlassen
und zu den Stadttoren eilen.
Und er hörte, wie ihre Stimmen seinen Namen
riefen und von Feld zu Feld schrien, um einander laut
die Ankunft seines Schiffes mitzuteilen.

Und er sagte zu sich:

Soll der Tag des Abschieds der Tag der Ernte sein?
Und soll das heißen, daß mein Abend in Wahrheit
meine Morgenröte war?
Und was soll ich dem geben, der seinen
Pflug mitten auf dem Feld gelassen hat, oder dem,
der das Rad seiner Weinpresse angehalten hat?
Wird mein Herz ein Baum werden,
schwer von Früchten, die ich pflücken und ihnen
schenken kann?
Und werden meine Wünsche fließen wie eine
Quelle, damit ich ihre Becher füllen kann?
Bin ich eine Harfe, damit die Hand des
Mächtigen mich berühren kann, oder eine Flöte,
damit sein Atem mich durchstreifen kann?
Ein Sucher der Stille bin ich, und welchen
Schatz habe ich in der Stille gefunden, den ich mit
Zuversicht verteilen kann?
Wenn dies mein Tag der Ernte ist, in welche
Felder habe ich den Samen gesät und zu welchen
vergessenen Jahreszeiten?
Wenn dies wirklich die Stunde ist, in der ich

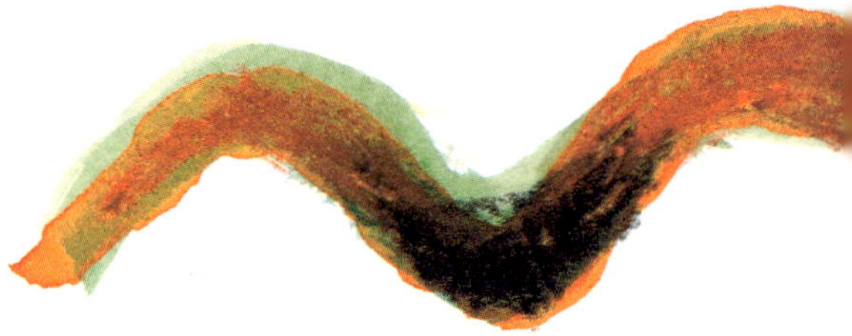

meine Laterne hochhalte, dann ist es nicht meine
Flamme, die darin brennt.
Leer und dunkel werde ich meine Laterne erheben,
Und der Wächter der Nacht wird sie
mit Öl füllen, und er wird sie auch anzünden.
Diese Dinge drückte er mit Worten aus. Doch vieles
in seinem Herzen blieb ungesagt. Denn er selbst
konnte sein tieferes Geheimnis nicht aussprechen.
Und als er die Stadt betrat, kamen alle
Menschen ihm entgegen, und sie riefen ihm zu
wie mit einer Stimme.
Und die Ältesten der Stadt traten vor und sagten:
Geh noch nicht fort von uns.
Eine Mittagszeit bist du in unserer
Dämmerung gewesen, und deine Jugend hat uns
Träume zu träumen gegeben.
Kein Fremder bist du unter uns, auch kein Gast,
sondern unser Sohn und innigst Geliebter.
Laß unsere Augen noch nicht nach deinem
Angesicht hungern.

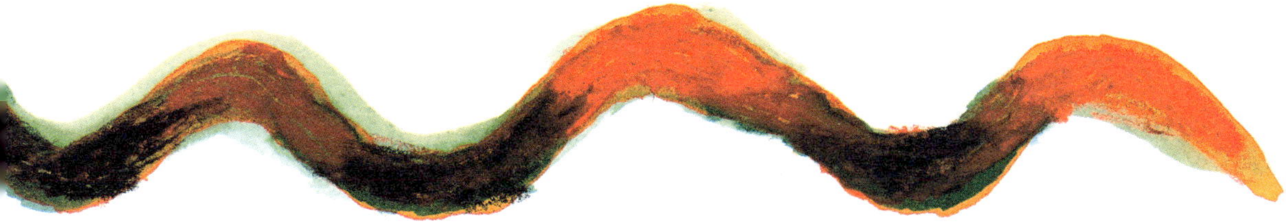

Und die Priester und Priesterinnen
sagten zu ihm:
Laß nicht zu, daß die Wellen des Meeres uns
jetzt trennen und die Jahre, die du in unserer Mitte
verbracht hast, zur Erinnerung werden.
Du bist unter uns als Geist umhergegangen, und
dein Schatten ist ein Licht auf unseren Gesichtern
gewesen.
Sehr haben wir dich geliebt. Aber sprachlos war
unsere Liebe und mit Schleiern umhüllt.
Nun aber ruft sie laut zu dir und möchte unverhüllt
vor dir stehen.
Und seit jeher war es so, daß die Liebe erst in der
Stunde der Trennung ihre eigene Tiefe erkennt.

Und andere kamen auch und flehten ihn an. Aber
er antwortete ihnen nicht. Er neigte nur den
Kopf; und die in der Nähe standen, sahen Tränen auf
seine Brust fallen.
Und er und die Menschen schritten zu dem großen
Platz vor dem Tempel.

Und aus dem Heiligtum kam eine Frau,
deren Name Almitra war. Und sie war eine Seherin.
Und er schaute sie mit unendlicher Zärtlichkeit an,
denn sie hatte ihn als Erste aufgesucht und an
ihn geglaubt, als er gerade einen Tag in ihrer Stadt
gewesen war.
Und sie begrüßte ihn und sagte:
Prophet Gottes, auf der Suche nach den letzten
Dingen, lange hast du die Ferne nach deinem Schiff
abgesucht.
Und nun ist dein Schiff gekommen, und du
mußt gehen.
Tief ist deine Sehnsucht nach dem Land deiner
Erinnerungen und der Heimat deiner größeren
Wünsche; und unsere Liebe wird dich nicht
binden, noch werden unsere Bedürfnisse dich halten.
Um eines jedoch bitten wir, ehe du uns verläßt:
daß du zu uns sprichst und uns von deiner Wahrheit
abgibst.
Und wir werden sie unseren Kindern weitergeben
und sie ihren Kindern, und sie wird nicht vergehen.

In deiner Einsamkeit hast du über unsere Tage gewacht, und in deinem Wachen hast du dem Weinen und Lachen unseres Schlafs gelauscht. Daher mach, daß wir uns selbst erkennen, und sage uns alles, was dir gezeigt wurde von dem, was zwischen Geburt und Tod ist.

Und er antwortete:
Leute von Orphalese, worüber könnte ich sprechen, wenn nicht von dem, was sich selbst jetzt in euren Seelen rührt?

Da sagte Almitra:
Sprich uns von der Liebe.
Und er hob den Kopf und sah auf
die Menschen, und es kam
eine Stille über sie.

Und mit lauter Stimme sagte er:
Wenn die Liebe dir winkt, folge ihr,
Sind ihre Wege auch schwer und steil.
Und wenn ihre Flügel dich umhüllen,
gib dich ihr hin,
Auch wenn das unterm Gefieder versteckte
Schwert dich verwunden kann.
Und wenn sie zu dir spricht, glaube an sie,
Auch wenn ihre Stimme deine Träume
zerschmettern kann wie der Nordwind den
Garten verwüstet.

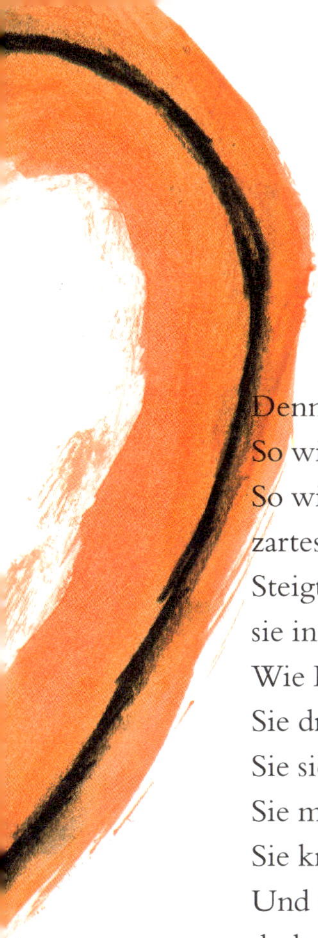

Denn so, wie die Liebe dich krönt, kreuzigt sie dich.
So wie sie dich wachsen läßt, beschneidet sie dich.
So wie sie emporsteigt zu deinen Höhen und die
zartesten Zweige liebkost, die in der Sonne zittern,
Steigt sie hinab zu deinen Wurzeln und erschüttert
sie in ihrer Erdgebundenheit.
Wie Korngarben sammelt sie dich um sich.
Sie drischt dich, um dich nackt zu machen.
Sie siebt dich, um dich von deiner Spreu zu befreien.
Sie mahlt dich, bis du weiß bist.
Sie knetet dich, bis du geschmeidig bist;
Und dann weiht sie dich ihrem heiligen Feuer, damit
du heiliges Brot wirst für Gottes heiliges Mahl.

All dies wird die Liebe mit dir machen, damit du die
Geheimnisse deines Herzens kennenlernst und in
diesem Wissen ein Teil vom Herzen des Lebens wirst.
Aber wenn du in deiner Angst nur die Ruhe und
die Lust der Liebe suchst,
Dann ist es besser für dich, deine Nacktheit zu
bedecken und vom Dreschboden der Liebe zu gehen

Von der Liebe

In die Welt ohne Jahreszeiten, wo du lachen wirst, aber nicht dein ganzes Lachen, und weinen, aber nicht all deine Tränen.

Liebe gibt nichts als sich selbst und nimmt nichts als von sich selbst.
Liebe besitzt nicht, noch läßt sie sich besitzen;
Denn die Liebe genügt der Liebe.
Wenn du liebst, solltest du nicht sagen:
«Gott ist in meinem Herzen», sondern:
«Ich bin in Gottes Herzen.»
Und glaube nicht, du kannst den Lauf der Liebe lenken, denn die Liebe, wenn sie dich für würdig hält, lenkt *deinen* Lauf.
Liebe hat keinen anderen Wunsch, als sich zu erfüllen.
Aber wenn du liebst und Wünsche haben mußt, sollst du dir dies wünschen:
Zu schmelzen und wie ein plätschernder Bach zu sein, der seine Melodie der Nacht singt.

Den Schmerz allzu vieler Zärtlichkeit zu kennen.
Vom eigenen Verstehen der Liebe verwundet zu sein;
Und willig und freudig zu bluten.
Bei der Morgenröte mit beflügeltem Herzen
zu erwachen und für einen weiteren Tag des Liebens
dankzusagen;
Zur Mittagszeit zu ruhen und über die Verzückung
der Liebe nachzusinnen;
Am Abend mit Dankbarkeit heimzukehren;
Und dann einzuschlafen mit einem Gebet für den
Geliebten im Herzen und einem Lobgesang
auf den Lippen.

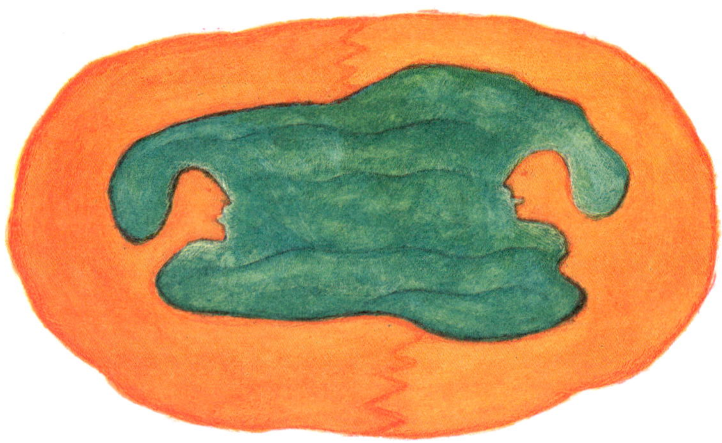

Dann sprach Almitra abermals und sagte:
Und was ist mit der Ehe, Meister?
Und er antwortete und sprach:
Ihr wurdet zusammen geboren, und ihr werdet auf immer zusammen sein.
Ihr werdet zusammen sein, wenn die weißen Flügel des Todes eure Tage scheiden.
Ja, ihr werdet selbst im stummen Gedenken Gottes zusammen sein.
Aber laßt Raum zwischen euch.
Und laßt die Winde des Himmels zwischen euch tanzen.

Liebt einander, aber macht die Liebe
nicht zur Fessel:
Laßt sie eher ein wogendes Meer zwischen
den Ufern eurer Seelen sein.
Füllt einander den Becher, aber trinkt nicht
aus *einem* Becher.
Gebt einander von eurem Brot, aber eßt nicht
vom selben Laib.
Singt und tanzt zusammen und seid fröhlich,
aber laßt jeden von euch allein sein,
So wie die Saiten einer Laute allein sind und
doch von derselben Musik erzittern.
Gebt eure Herzen, aber nicht in des anderen Obhut.
Denn nur die Hand des Lebens kann eure
Herzen umfassen.
Und steht zusammen, doch nicht zu nah:
Denn die Säulen des Tempels stehen für sich,
Und die Eiche und die Zypresse wachsen nicht
im Schatten der anderen.

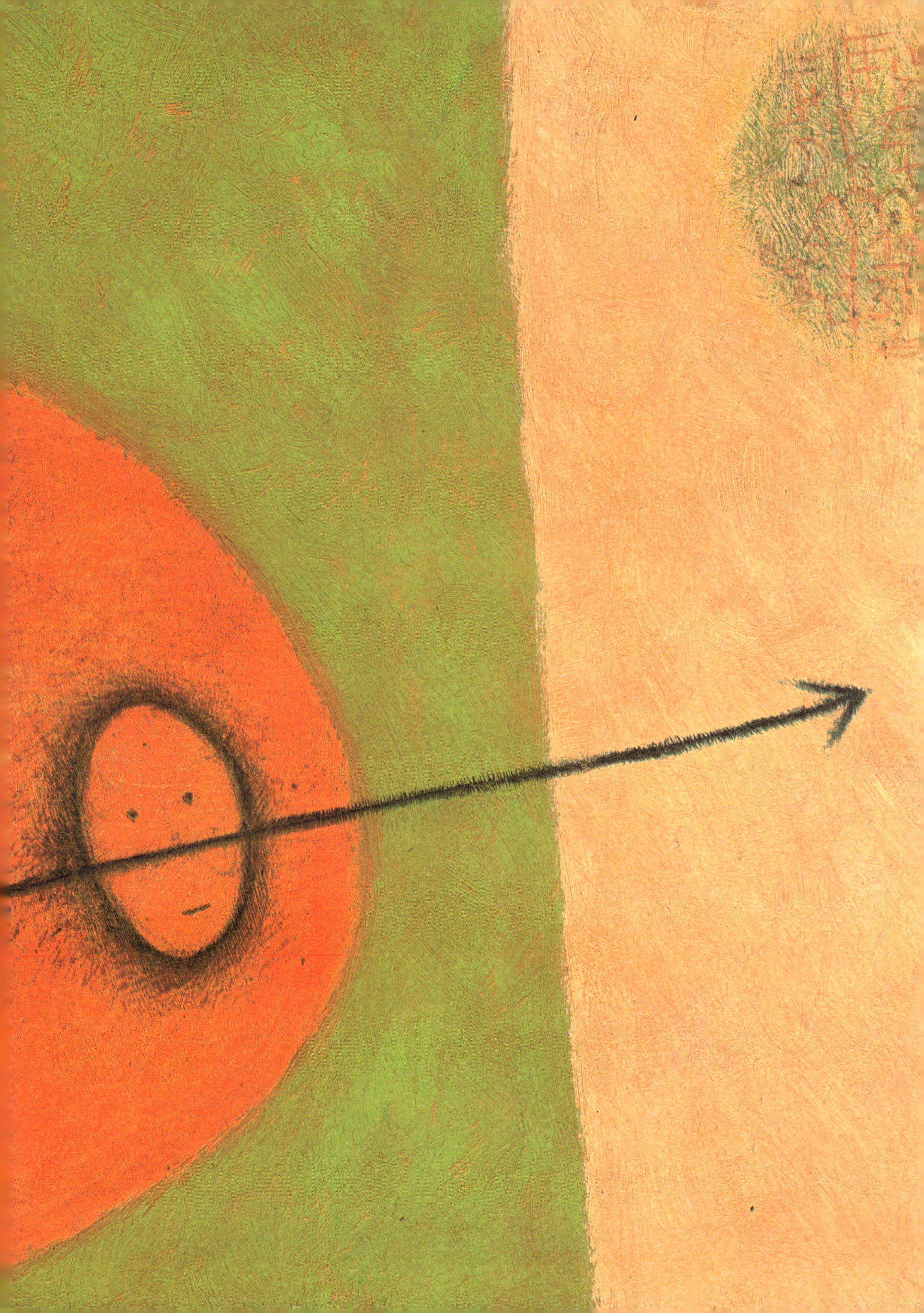

Und eine Frau, die einen Säugling an der
Brust hielt, sagte:
Sprich uns von den Kindern.
Und er sagte:
Eure Kinder sind nicht eure Kinder.
Sie sind die Söhne und Töchter der Sehnsucht
des Lebens nach sich selber.
Sie kommen durch euch, aber nicht *von* euch,
Und obwohl sie mit euch sind, gehören sie
euch doch nicht.

Ihr dürft ihnen eure Liebe geben, aber nicht
eure Gedanken,
Denn sie haben ihre eigenen Gedanken.
Ihr dürft ihren Körpern ein Haus geben,
aber nicht ihren Seelen,

Denn ihre Seelen wohnen im Haus
von morgen, das ihr nicht besuchen könnt,
nicht einmal in euren Träumen.
Ihr dürft euch bemühen, wie sie zu sein,
aber versucht nicht, sie euch ähnlich zu machen.
Denn das Leben läuft nicht rückwärts,
noch verweilt es im Gestern.
Ihr seid die Bogen, von denen eure Kinder als
lebende Pfeile ausgeschickt werden.
Der Schütze sieht das Ziel auf dem Pfad der
Unendlichkeit, und er spannt euch mit seiner Macht,
damit seine Pfeile schnell und weit fliegen.
Laßt euren Bogen von der Hand des Schützen
auf Freude gerichtet sein;
Denn so wie er den Pfeil liebt, der fliegt, so liebt
er auch den Bogen, der fest ist.

Dann sagte ein reicher Mann:
Sprich uns vom Geben.
Und er antwortete:
Ihr gebt nur wenig, wenn ihr von eurem Besitz gebt.
Erst wenn ihr von euch selber gebt,
gebt ihr wahrhaft.
Denn was ist euer Besitz anders als etwas,
das ihr bewahrt und bewacht aus Angst, daß ihr es
morgen brauchen könntet?
Und morgen, was wird das Morgen dem
übervorsichtigen Hund bringen, der Knochen im
spurlosen Sand vergräbt, wenn er den Pilgern
zur heiligen Stadt folgt?
Und was ist die Angst vor der Not anderes als Not?
Ist nicht Angst vor Durst, wenn der Brunnen voll ist,
der Durst, der unlöschbar ist?

Vom Geben

Es gibt jene, die von dem Vielen, das sie haben,
wenig geben – und sie geben um der Anerkennung
willen, und ihr verborgener Wunsch verdirbt
ihre Gaben.
Und es gibt jene, die wenig haben und alles geben.
Das sind die, die an das Leben und die Fülle des
Lebens glauben, und ihr Beutel ist nie leer.
Es gibt jene, die mit Freude geben, und die Freude
ist ihr Lohn.
Und es gibt jene, die mit Schmerzen geben,
und der Schmerz ist ihre Taufe.
Und es gibt jene, die geben und keinen Schmerz
beim Geben kennen: weder suchen sie Freude dabei,
noch geben sie um der Tugend willen;
Sie geben, wie im Tal dort drüben die Myrte ihren
Duft verströmt.
Durch ihre Hände spricht Gott, und aus ihren
Augen lächelt Er auf die Erde.
Es ist gut zu geben, wenn man gebeten
wird, aber besser ist es, wenn man ungebeten gibt,
aus Verständnis;

Und für den Freigebigen ist die Suche nach
einem, der empfangen soll, eine größere Freude als
das Geben.
Und gibt es etwas, das ihr zurückhalten werdet?
Alles, was ihr habt, wird eines Tages gegeben werden;
Daher gebt jetzt, daß die Zeit des Gebens eure
ist und nicht die eurer Erben.
Ihr sagt oft: «Ich würde geben, aber nur dem,
der es verdient.»
Die Bäume in eurem Obstgarten reden nicht so,
und auch nicht die Herden auf euren Weiden.
Sie geben, damit sie leben dürfen, denn zurückhalten
heißt zugrundegehen.
Sicher ist der, der würdig ist, seine Tage und Nächte
zu erhalten, auch alles anderen von euch würdig.
Und der, der verdient hat, vom Meer des
Lebens zu trinken, verdient auch, seinen Becher aus
eurem Bach zu füllen.
Und welches Verdienst wäre größer als der
Mut und das Vertrauen, ja auch die Nächstenliebe,
die im Empfangen liegt?

Und wer seid ihr, daß die Menschen sich die Brust zerreißen und ihren Stolz entschleiern sollten, damit ihr ihren Wert nackt und ihren Stolz entblößt seht?
Seht erst zu, daß ihr selber verdient, ein Gebender und ein Werkzeug des Gebens zu sein.

Denn in Wahrheit ist es das Leben, das dem Leben gibt – während ihr, die ihr euch als Gebende fühlt, nichts anderes seid als Zeugen.
Und ihr, die ihr empfangt – und ihr seid alle Empfangende –, bürdet euch nicht die Last der Dankbarkeit auf, damit ihr nicht euch und dem Gebenden ein Joch auferlegt.
Steigt lieber zusammen mit dem Gebenden auf seinen Gaben empor wie auf Flügeln;
Denn seid ihr euch eurer Schuld zu sehr bewußt, heißt das, die Freigebigkeit desjenigen zu bezweifeln, der die großherzige Erde zur Mutter und Gott zum Vater hat.

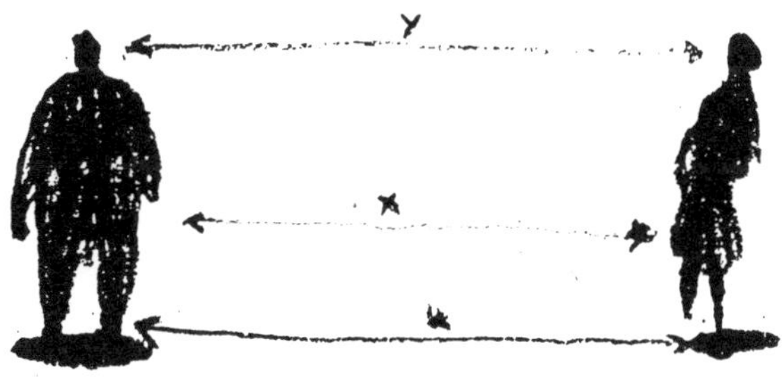

Dann sagte ein alter Mann, ein Gastwirt:
Sprich uns vom Essen und Trinken.
Und er sagte:
Könntet ihr leben vom Duft der Erde und wie eine Luftpflanze vom Licht erhalten werden!
Aber da ihr töten müßt, um zu essen, und dem Neugeborenen die Muttermilch rauben müßt, um euren Durst zu stillen, laßt es eine andächtige Handlung sein.
Und euren Tisch laßt einen Altar sein, auf dem das Reine und Unschuldige des Waldes und des Feldes geopfert wird für das, was im Menschen noch reiner und unschuldiger ist.

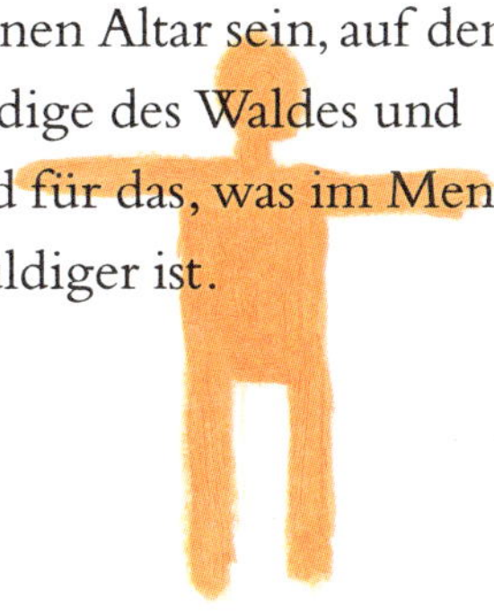

Wenn ihr ein Tier tötet, sagt in eurem
Herzen zu ihm:
«Durch die gleiche Macht, die dich tötet,
werde auch ich getötet, und auch ich werde verzehrt
werden.
Denn das Gesetz, das dich meiner Hand
auslieferte, wird mich einer mächtigeren Hand
ausliefern.
Dein Blut und mein Blut ist nichts als der Saft,
der den Baum des Himmels nährt.»

Und wenn ihr mit den Zähnen einen Apfel
zermalmt, sagt in eurem Herzen zu ihm:
«Deine Samen werden in meinem Körper leben,
Und die Knospen deines Morgens werden in
meinem Herzen blühen,
Und dein Duft wird mein Atem sein,
Und zusammen werden wir uns aller Jahreszeiten
erfreuen.»
Und im Herbst, wenn ihr die Trauben

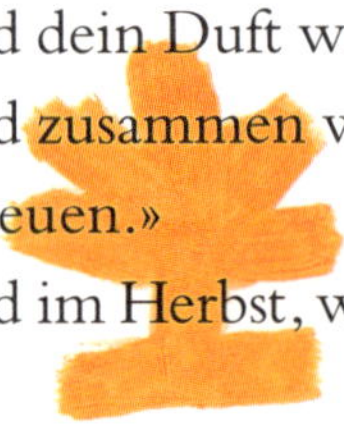

eurer Weinberge für die Kelter lest, sagt in
eurem Herzen:
«Auch ich bin ein Weinberg, und meine Frucht
wird für die Kelter gelesen werden,

Und wie neuer Wein werde ich in ewigen Gefäßen
bewahrt werden.»
Und im Winter, wenn ihr den Wein zapft,
laßt für jeden Becher ein Lied in eurem Herzen sein;
Und in dem Lied laßt eine Erinnerung an die
Herbsttage und den Weinberg und die Kelter sein.

Dann sagte ein Landmann:
Sprich uns von der Arbeit.
Und er antwortete und sagte:
Ihr arbeitet, um mit der Erde und der Seele der Erde Schritt zu halten.
Denn müßig sein heißt, den Jahreszeiten fremd zu werden und auszuscheren aus dem Lauf des Lebens, das in Würde und stolzer Ergebung der Unendlichkeit entgegenschreitet.

Wenn ihr arbeitet, seid ihr eine Flöte, durch deren Herz sich das Flüstern der Stunden in Musik verwandelt.
Wer von euch wäre gern ein Rohr, stumm und still, wenn alles andere im Einklang singt?

Von der Arbeit

Es ist euch immer gesagt worden, Arbeit sei
ein Fluch und Mühsal ein Unglück.
Aber ich sage euch, wenn ihr arbeitet, erfüllt ihr einen
Teil des umfassendsten Traums der Erde, der euch
bei der Geburt dieses Traums zugeteilt worden ist,

Und wenn ihr Mühsal auf euch nehmt,
liebt ihr das Leben wahrhaft,
Und das Leben durch Mühsal zu lieben,
das bedeutet, mit dem innersten
Geheimnis des Lebens vertraut zu sein.

Aber wenn ihr in eurem Schmerz die Geburt
ein Leid nennt und die Erhaltung des Fleisches einen
Fluch, der euch auf der Stirn geschrieben steht,
dann erwidere ich, daß nur der Schweiß auf eurer
Stirn das wegwaschen wird, was geschrieben steht.

Es ist euch auch gesagt worden, das Leben sei Dunkelheit, und in eurer Erschöpfung gebt ihr wieder,
was die Erschöpften sagten.

Von der Arbeit

Und ich sage, das Leben ist in der Tat Dunkelheit,
wenn der Trieb fehlt,
Und aller Trieb ist blind,
wenn das Wissen fehlt.
Und alles Wissen ist vergeblich,
wenn die Arbeit fehlt,
Und alle Arbeit ist leer, wenn die Liebe fehlt;
Und wenn ihr mit Liebe arbeitet,
bindet ihr euch an euch selber und an einander und
an Gott.

Und was heißt, mit Liebe arbeiten?

Es heißt, das Tuch mit Fäden weben, die aus
euren Herzen gezogen sind, als solle euer Geliebter
dieses Tuch tragen.
Es heißt, ein Haus mit Zuneigung bauen, als solle
eure Geliebte in dem Haus wohnen.
Es heißt, den Samen mit Zärtlichkeit säen und
die Ernte mit Freude einbringen,
als solle euer Geliebter die Frucht essen.

Es heißt, allen Dingen, die ihr macht, einen Hauch eures Geistes einflößen,
Und zu wissen, daß die selig Verstorbenen um euch stehen und zusehen.

Oft habe ich euch sagen hören, als sprächet ihr im Schlaf: «Der mit Marmor arbeitet und im Stein die Gestalt seiner Seele wiederfindet, ist edler als der, der den Boden pflügt.
Und der, der den Regenbogen ergreift, um ihn auf einer Leinwand zum Ebenbild des Menschen zu machen, ist mehr als der, der die Sandalen für unsere Füße macht.»
Aber ich sage nicht im Schlaf, sondern in der Überwachheit der Mittagsstunde, daß der Wind zu den riesigen Eichen nicht süßer spricht als zum geringsten aller Grashalme;
Und der allein ist groß, der die Stimme des Windes in ein Lied verwandelt, das durch seine Liebe noch süßer wird.

Arbeit ist sichtbar gemachte Liebe.
Und wenn ihr nicht mit Liebe, sondern nur
mit Widerwillen arbeiten könnt, laßt besser eure
Arbeit und setzt euch ans Tor des Tempels und
nehmt Almosen von denen, die mit Freude arbeiten.
Denn wenn ihr mit Gleichgültigkeit Brot backt,
backt ihr ein bitteres Brot, das nicht einmal den
halben Hunger des Menschen stillt.
Und wenn ihr die Trauben mit Widerwillen keltert,
träufelt eure Abneigung ein Gift in den Wein.
Und auch wenn ihr wie Engel singt und das Singen
nicht liebt, macht ihr die Ohren der Menschen
taub für die Stimmen des Tages und die Stimmen
der Nacht.

Dann sagte eine Frau:
Sprich uns von der Freude und vom Leid.
Und er antwortete:
Eure Freude ist euer Leid ohne Maske.
Und derselbe Brunnen, aus dem euer Lachen aufsteigt, war oft von euren Tränen erfüllt.
Und wie könnte es anders sein?
Je tiefer sich das Leid in euer Sein eingräbt, desto mehr Freude könnt ihr fassen.
Ist nicht der Becher, der euren Wein enthält, dasselbe Gefäß, das im Ofen des Töpfers gebrannt wurde?
Und ist nicht die Laute, die euren Geist besänftigt, dasselbe Holz, das mit Messern ausgehöhlt wurde?
Wenn ihr fröhlich seid, schaut tief in eure Herzen, und ihr werdet finden, daß nur das, was euch Leid bereitet hat, euch auch Freude gibt.

Wenn ihr traurig seid, schaut wieder in eure Herzen,
und ihr werdet sehen, daß die Wahrheit
um das weint, was euch Vergnügen bereitet hat.
Einige von euch sagen: «Freude ist größer als Leid»,
und andere sagen: «Nein, Leid ist größer.»
Aber ich sage euch, sie sind untrennbar.
Sie kommen zusammen, und wenn einer allein
mit euch am Tisch sitzt, denkt daran, daß der andere
auf eurem Bett schläft.

Wahrhaftig, wie die Schalen einer Waage hängt
ihr zwischen eurem Leid und eurer Freude.
Nur wenn ihr leer seid, steht ihr still und im
Gleichgewicht.
Wenn der Schatzhalter euch hochhebt, um
sein Gold und sein Silber zu wiegen, muß entweder
eure Freude oder euer Leid steigen oder fallen.

Dann trat ein Maurer vor und sagte:
Sprich uns von den Häusern.
Und er antwortete und sagte:
Baut eine Laube nach euren Vorstellungen in der Wildnis, ehe ihr ein Haus innerhalb der Stadtmauern baut.
Denn so wie ihr Heimkehrer in der Dämmerung seid, so seid ihr auch Wanderer, ewig Ferne und Einsame.
Euer Haus ist euer größerer Körper.
Es wächst in der Sonne und schläft in der Stille der Nacht; und es ist nicht ohne Träume. Träumt euer Haus etwa nicht, und verläßt es nicht träumend die Stadt für Hain oder Hügel?

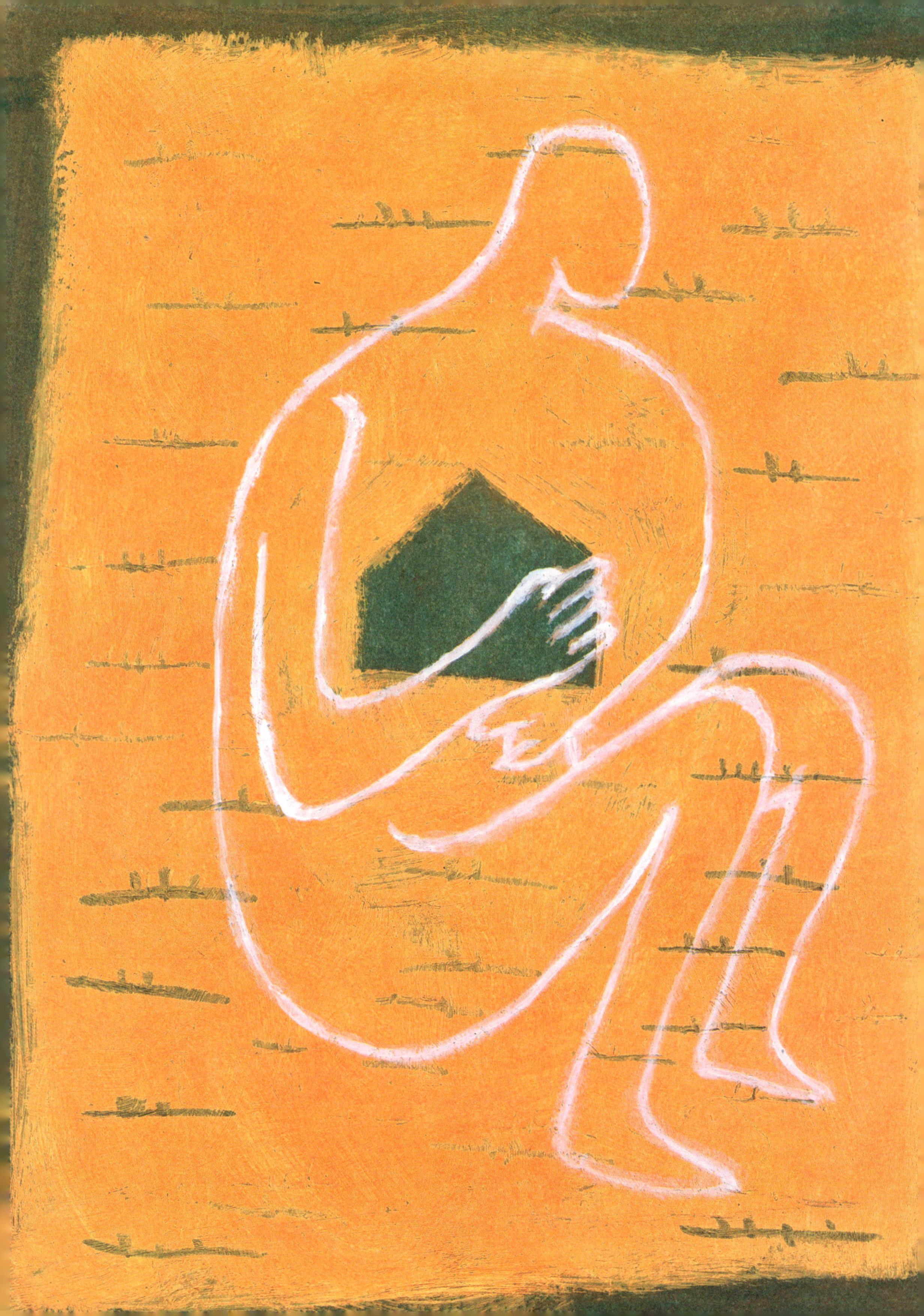

Könnte ich eure Häuser in meiner
Hand sammeln und sie wie ein Sämann in Wald und
Wiese ausstreuen!
Wären die Täler eure Straßen und die
grünen Pfade eure Gassen, damit ihr einander
durch die Weinberge besuchen könntet und
mit dem Duft der Erde im Gewand kämet!

Aber das soll noch nicht sein.
In ihrer Angst trieben eure Vorväter
euch zu nah zusammen. Und diese Angst wird noch
eine kleine Weile dauern.
Eine kleine Weile noch werden eure Stadtmauern
eure Herde von euren Feldern trennen.

Und sagt mir, Leute von Orphalese,
was habt ihr in diesen Häusern? Und was bewacht
ihr hinter verriegelten Türen?
Habt ihr Frieden, den ruhigen Trieb,
der eure Kraft offenbart?
Habt ihr Erinnerungen, schimmernde Bogen, die die
Gipfel des Geistes umspannen?

Habt ihr Schönheit, die das Herz von Dingen,
aus Holz und Stein geschaffen, zum heiligen Berg
hinführt?
Sagt mir, habt ihr derlei in euren Häusern?
Oder habt ihr nur Bequemlichkeit und das Verlangen
nach Bequemlichkeit, dem verstohlenen Ding,
das euer Haus als Gast betritt, dann zum Wirt und
schließlich zum Herrn wird?
Ja, und sie wird zum Bezähmer, und mit Haken
und Geißel macht sie Marionetten aus euren höheren
Wünschen.
Obwohl ihre Hände aus Seide sind, ist ihr Herz
aus Eisen.
Sie wiegt euch in den Schlaf, nur um neben
eurem Bett zu stehen und sich über die Würde des
Fleisches lustig zu machen.
Sie verspottet euren gesunden Verstand und legt ihn
in Distelwolle wie ein zerbrechliches Gefäß.
Wahrhaftig, das Verlangen nach Bequemlichkeit tötet
die Leidenschaft der Seele und folgt dann grinsend
ihrem Leichenzug.

Aber ihr, Kinder der Erde, ihr Ruhelosen in
der Ruhe, ihr werdet weder in die Falle gehen noch
gezähmt werden.
Euer Haus soll kein Anker, sondern ein Mast sein.
Es soll kein schimmerndes Häutchen sein,
das eine Wunde bedeckt, sondern ein Augenlid,
das das Auge behütet.
Ihr sollt nicht eure Flügel falten, damit ihr durch
Türen kommt, noch eure Köpfe beugen,
damit sie nicht gegen eine Decke stoßen, noch
Angst haben zu atmen, damit die Mauern
nicht bersten und einstürzen.
Ihr sollt nicht in Gräbern wohnen, die von den
Toten für die Lebenden gemacht sind.
Und obwohl von Pracht und Glanz, sollte
euer Haus weder euer Geheimnis hüten, noch eure
Sehnsucht beherbergen.
Denn was grenzenlos in euch ist, wohnt im
Palast des Himmels, dessen Tor der Morgennebel ist
und dessen Fenster die Lieder und die Stille der
Nacht sind.

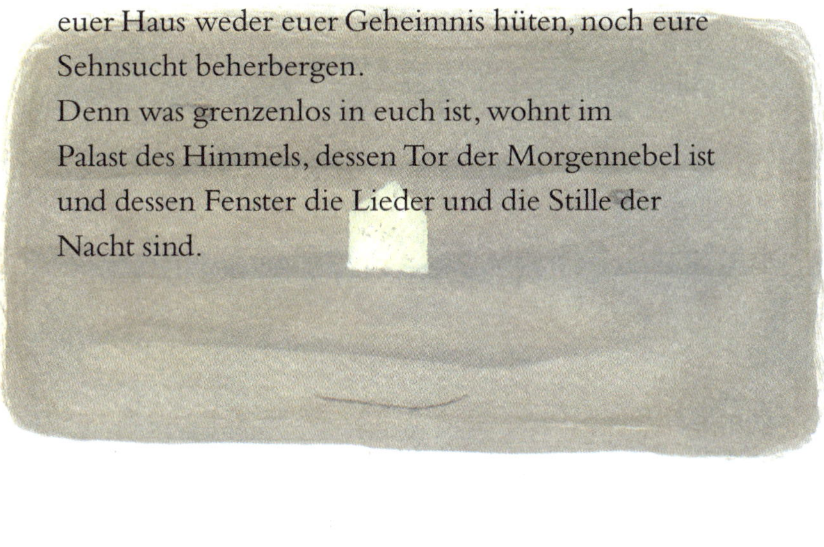

Und der Weber sagte:
Sprich uns von den Kleidern.
Und er antwortete:
Eure Kleider verbergen viel von eurer Schönheit,
doch verstecken sie nicht das Unschöne.
Und obwohl ihr in Gewändern die Freiheit
des Persönlichen sucht, könnt ihr darin einen
Zügel und eine Kette finden.
Könntet ihr der Sonne und dem Wind mit mehr
Haut und weniger Kleidung begegnen!
Denn der Atem des Lebens ist im Sonnenlicht,
und die Hand des Lebens ist im Wind.

Von den Kleidern

Einige von euch sagen: «Der Nordwind hat die
Kleider gewebt, die wir tragen.»
Und ich sage: Ja, es war der Nordwind,
Aber Scham war sein Webstuhl, und Schlaffheit
sein Faden.
Und als seine Arbeit getan war,
lachte er im Wald.

Vergeßt nicht, daß Züchtigkeit ein Schild gegen
die Augen der Unreinen ist.
Und wenn die Unreinen nicht mehr sind,
was ist Züchtigkeit dann anderes als eine Fessel und
eine Trübung des Geistes?
Und vergeßt nicht, daß es die Erde freut,
eure nackten Füße zu spüren und daß die Winde sich
danach sehnen, mit eurem Haar zu spielen.

Und ein Kaufmann sagte:
Sprich uns vom Kaufen und Verkaufen.
Und er antwortete und sagte:
Die Erde gibt euch ihre Frucht, und es
wird euch an nichts mangeln, wenn ihr nur wißt,
wie ihr eure Hände füllt.
Im Austausch der Gaben der Erde werdet ihr
Fülle finden und gesättigt sein.
Doch wenn der Austausch nicht in Liebe und
freundlicher Gerechtigkeit stattfindet, wird er bloß
einige zur Gier und andere zum Hunger führen.

Wenn ihr Arbeiter des Meeres, der Felder und
der Weinberge auf dem Markt die Weber, Töpfer und
Gewürzhändler trefft,

Dann beschwört den höchsten Geist der Erde,
in eure Mitte zu kommen und die Waagen und die
Rechnungen zu segnen, die Wert gegen Wert
abwägen.
Und duldet bei euren Tauschgeschäften nicht
die mit leeren Händen, die ihre Worte gegen eure
Arbeit verkaufen möchten.

Solchen Männern solltet ihr sagen:
«Kommt mit uns aufs Feld oder fahrt mit unseren
Brüdern zur See und werft eure Netze aus;
Denn das Land und das Meer werden sich euch
gegenüber genauso freigebig zeigen wie uns.»

Und wenn die Sänger und Tänzer und die Flötenspieler kommen, nehmt auch von ihren Gaben. Denn auch sie sind Sammler von Früchten und Weihrauch, und was sie bringen, obwohl aus Träumen geschaffen, ist Kleidung und Nahrung für eure Seele.

Und bevor ihr den Markplatz verlaßt, seht zu, daß niemand mit leeren Händen seines Weges gegangen ist. Denn der höchste Geist der Erde wird nicht friedlich auf dem Wind schlafen, bis die Bedürfnisse auch des Geringsten unter euch befriedigt sind.

Dann trat einer der Richter der Stadt vor
und sagte:
Sprich uns von Schuld und Sühne.
Und er antwortete und sagte:
Wenn euer Geist mit dem Wind wandert,
Begeht ihr, allein und unbewacht, ein Unrecht an
anderen und dadurch an euch selber.
Und für dieses begangene Unrecht müßt ihr am
Tor der Seligen anklopfen und eine Weile
unbeachtet warten.

Wie der Ozean ist das Göttliche in euch;
Es bleibt ewig unbefleckt.
Und wie der Äther erhebt es nur die
Beflügelten.

Wie die Sonne auch ist das Göttliche in euch;
Es kennt nicht die Gänge des Maulwurfs, noch sucht
es die Höhlen der Schlange.
Doch das Göttliche wohnt nicht allein in
eurem Sein.
Vieles in euch ist noch Mensch, und vieles in
euch ist noch nicht Mensch,
Sondern ein formloser Zwerg,
der im Nebel schlafwandelt und nach seinem
Erwachen sucht.

Und von dem Menschen in euch möchte ich
jetzt sprechen.
Denn er ist es und nicht das Göttliche in
euch und auch nicht der Zwerg im Nebel,
der Schuld und Sühne kennt.

Oft habe ich euch von einem, der ein Unrecht
begeht, reden hören, als sei er nicht einer
von euch, sondern ein Fremder und ein Eindringling
in eure Welt.

Aber ich sage euch, selbst wie der Heilige und
Rechtschaffene nicht über das Höchste
hinaussteigen kann, das in jedem von euch ist,
So kann der Böse und Schwache nicht tiefer
fallen als das Niedrigste, das auch in euch ist.
Und wie ein einzelnes Blatt nicht ohne das
stille Wissen des ganzen Baumes vergilbt,
So kann auch der Übeltäter kein Unrecht tun
ohne den verborgenen Willen von euch allen.

Wie in einer Prozession geht ihr zusammen
eurem göttlichen Ich entgegen.
Ihr seid der Weg und die Reisenden.
Und wenn einer von euch fällt, fällt er
für die hinter ihm, eine Warnung vor
dem Stolperstein.
Ja, und er fällt für die vor ihm, die,
obgleich schneller und sicherer im Schritt,
den Stein des Anstoßes nicht entfernten.
Und noch dies, mögen die Worte euch
auch schwer auf dem Herzen liegen:

Von Schuld und Sühne

Der Ermordete ist nicht ohne Verantwortung an seiner Ermordung,
Und der Beraubte nicht schuldlos an seiner Beraubung.
Der Rechtschaffene ist nicht unschuldig an den Taten des Bösen,
Und der mit sauberen Händen ist nicht rein von den Taten des Missetäters.
Ja, der Schuldige ist oft das Opfer des Geschädigten.
Und noch öfter ist der Verurteilte der Sündenbock für den Schuldlosen und den nicht Beschuldigten.
Ihr könnt nicht den Gerechten vom Ungerechten trennen und nicht den Guten vom Bösen;
Denn sie stehen zusammen vor dem Angesicht der Sonne, wie der schwarze und der weiße Faden zusammengewebt sind.
Und wenn der schwarze Faden reißt, wird der Weber das ganze Gewebe prüfen und auch den Webstuhl untersuchen.
Wenn einer von euch die untreue Ehefrau zur Anklage bringt,

Soll er auch das Herz ihres Ehemannes in die
Waagschale legen und seine Seele mit gleichem
Maß messen.
Und der den Übeltäter auspeitschen will, soll den
Geist dessen erforschen, dem Übles getan wurde.
Und wenn einer von euch im Namen der
Rechtschaffenheit strafen und die Axt an den Baum
des Bösen legen möchte, soll er ihn bis zu seinen
Wurzeln prüfen;
Und wahrhaftig, er wird die Wurzeln des
Guten und Bösen finden, des Fruchtbaren und des
Unfruchtbaren, alle ineinander verflochten
im stillen Herzen der Erde.
Und ihr Richter, die ihr gerecht sein wollt,
Welches Urteil sprecht ihr über den, der zwar
aufrichtig im Fleisch, im Geist aber ein Dieb ist?
Welche Strafe verhängt ihr über den, der im
Fleisch tötet, im Geist jedoch selber getötet wird?
Und wie verfolgt ihr den, der in seinen
Handlungen ein Betrüger und Unterdrücker,
Doch auch gekränkt und verletzt ist?

Und wie werdet ihr die bestrafen, deren Reue schon größer ist als ihre Untaten?
Ist nicht die Reue das Recht, das von dem Gesetz gesprochen wird, dem ihr gern dienen würdet?
Doch ihr könnt nicht dem Unschuldigen Reue auferlegen, noch sie dem Herzen des Schuldigen abnehmen.
Unaufgefordert wird sie in der Nacht anklopfen, damit die Menschen wachen und sich anschauen.
Und wie wollt ihr Gerechtigkeit verstehen,
wenn ihr nicht alle Taten im vollen Licht anschaut?
Erst dann werdet ihr wissen, daß der Aufrechte
und der Gefallene nichts als *ein* Mensch sind, der zwischen der Nacht seines kleinlichen Ichs und dem Tag seines göttlichen Ichs im Dämmer steht,
Und daß der Eckstein des Tempels nicht höher ist als der niedrigste Stein in seinem Fundament.

Dann sagte ein Rechtsgelehrter:
Aber wie ist es mit unseren Gesetzen, Meister?
Und er antwortete:
Es freut euch, Gesetze zu erlassen,
Doch mehr freut es euch, sie zu brechen.
Wie Kinder, die am Meer spielen und
mit Ausdauer Sandburgen bauen, um sie dann
lachend zu zerstören. Aber während ihr
eure Sandburgen baut, bringt der Ozean mehr
Sand an den Strand,
Und wenn ihr sie zerstört, lacht der Ozean mit euch.
Wahrhaftig, der Ozean lacht immer mit den
Unschuldigen.
Aber was ist mit denen, für die das Leben
kein Ozean ist und für die von Menschen gemachte
Gesetze keine Sandburgen sind,

Sondern für die das Leben ein Fels ist und
das Gesetz ein Meißel, mit dem sie es gern nach
ihrem Ebenbild formen möchten?
Was mit dem Krüppel, der die Tänzer haßt?
Was mit dem Ochsen, der sein Joch liebt und
den Elch und das Wild des Waldes für streunende und
heimatlose Wesen hält?
Was mit der alten Schlange, die ihre Haut
nicht abstreifen kann und alle anderen nackt und
schamlos nennt?
Und was mit dem, der früh zum Hochzeitsfest
kommt und dann übersättigt und müde seines Weges
geht und sagt, daß alle Feste Gesetzesübertretungen
seien und alle Feiernden Gesetzesbrecher?

Was soll ich von jenen sagen, außer daß auch sie im
Sonnenlicht stehen, aber mit dem Rücken zur Sonne?
Sie sehen nur ihre Schatten, und ihre Schatten sind
ihre Gesetze.
Und was ist ihnen die Sonne anderes als etwas,
das Schatten wirft?

Und was heißt, die Gesetze anzuerkennen
anderes als sich zu bücken und ihre Schatten auf der
Erde nachzuzeichnen?
Aber ihr, die ihr mit dem Angesicht zur Sonne geht,
welche auf die Erde gezeichneten Bilder können
euch halten?

Ihr, die ihr mit dem Wind reist, welcher Wetterhahn
soll euch den Weg weisen?
Welches Menschengesetz soll euch binden,
wenn ihr euer Joch zerbrecht, aber an niemandes
Gefängnistür rüttelt?
Welche Gesetze sollt ihr fürchten, wenn ihr tanzt,
aber über niemandes eiserne Ketten stolpert?
Und wer soll euch vor Gericht stellen, wenn ihr
euer Gewand herunterreißt, aber es niemandem an
den Weg legt?
Leute von Orphalese, ihr könnt die Trommel
dämpfen und die Saiten der Leier lockern,
doch wer soll der Lerche befehlen, nicht zu singen?

Und ein Redner sagte:
Sprich uns von der Freiheit.
Und er antwortete:
Am Stadttor und an eurem Herd
habe ich euch unterwürfig und in Anbetung
eurer Freiheit gesehen,
Wie Sklaven sich vor einem Tyrannen erniedrigen
und ihn preisen, obwohl er sie tötet.
Ja, im Hain des Tempels und im Schatten
der Zitadelle habe ich die Freiesten unter euch ihre
Freiheit als Joch und Handschellen tragen sehen.
Und das Herz blutete mir; denn ihr könnt
nur frei sein, wenn selbst der Wunsch, die
Freiheit zu suchen, euch zum Zügel wird und
wenn ihr aufhört, von Freiheit als Ziel und
Erfüllung zu reden.

Wirklich frei werdet ihr nicht sein,
wenn eure Tage ohne Sorge sind und eure Nächte
ohne jeden Wunsch und Kummer,
Sondern erst dann, wenn sie euer Leben
umfassen und ihr euch dennoch nackt und
ungebunden über sie erhebt.
Und wie wollt ihr euch über eure Tage und
Nächte erheben, wenn ihr nicht die Ketten brecht,
die ihr im Morgengrauen eures Verstehens eurer
Mittagsstunde angelegt habt?
In Wahrheit ist das, was ihr Freiheit nennt,
die stärkste dieser Ketten, wenn auch ihre Glieder in
der Sonne glitzern und eure Augen blenden.
Und was sind es anders als Teile eures eigenen
Ichs, die ihr ablegen wollt, um frei zu werden?
Wenn es ein ungerechtes Gesetz ist, das ihr
abschaffen wollt, dann habt ihr es mit eigener Hand
auf eure Stirn geschrieben.
Ihr könnt es nicht auslöschen, indem ihr eure Gesetz-
bücher verbrennt oder die Stirn eurer Richter
wascht, und wenn ihr das Meer darauf gießt.

Und wenn es ein Despot ist,
den ihr vom Thron stürzen wollt, seht zu,
daß sein Thron zerstört wird, den ihr in
euch errichtet habt.
Denn wie kann ein Tyrann die Freien und
Stolzen regieren, außer durch eine Tyrannei ihrer
eigenen Freiheit und eine Scham über ihren
eigenen Stolz?
Und wenn es eine Sorge ist, die ihr
ablegen wollt, ist diese Sorge eher von euch gewählt
als euch auferlegt.
Und wenn es eine Angst ist, die ihr verjagen wollt,
ist der Sitz dieser Furcht in eurem Herzen und
nicht in der Hand des Gefürchteten.
Wahrhaftig, all das umarmt sich
ständig in euch, das Ersehnte und das
Gefürchtete, das Abstoßende und
das Geschätzte, das Erstrebte und das, dem
ihr ausweichen wollt.
All das bewegt sich paarweise in euch wie Licht und
Schatten, die einander verhaftet sind.

Und wenn der Schatten verblaßt und
nicht mehr da ist, wird das Licht, das verweilt,
zum Schatten eines anderen Lichts.
Und so wird eure Freiheit, wenn sie
ihre Fesseln ablegt, selber zur Fessel einer
größeren Freiheit.

Und wieder sprach die Priesterin: Sprich
uns von der Vernunft und von der Leidenschaft.
Und er antwortete und sagte:
Eure Seele ist oft ein Schlachtfeld, auf dem
eure Vernunft und euer Verstand Krieg gegen
eure Leidenschaft und eure Gelüste führen.
Könnte ich der Friedensstifter in eurer Seele
sein und den Mißklang und
die Zwietracht eurer Wesen in Einklang und
Harmonie verwandeln!
Aber wie kann ich das, wenn ihr nicht selber auch
Friedensstifter seid, nein, mehr noch, euer ganzes
Wesen liebt?

Von Vernunft und Leidenschaft

Eure Vernunft und eure Leidenschaft sind
das Ruder und die Segel eurer seefahrenden Seele.
Wenn eure Segel oder Ruder brechen,
könnt ihr nur noch schlingern und
treiben oder auf hoher See festgehalten
werden.
Denn die Vernunft ist, wenn sie allein waltet,
eine einengende Kraft; und unbewacht
ist die Leidenschaft eine Flamme, die bis zur
Selbstzerstörung brennt.
Daher laßt die Seele eure Vernunft auf den
Gipfel der Leidenschaft heben, damit sie singt;
Und laßt sie eure Leidenschaft mit Vernunft lenken,
damit eure Leidenschaft ihre tägliche
Auferstehung erlebt und sich wie der Phönix aus
der Asche erhebt.

Ich wollte, ihr betrachtetet euren
Verstand und eure Gelüste wie zwei geliebte Gäste in
eurem Haus.

Sicher würdet ihr einen Gast nicht
mehr ehren als den anderen; denn wer den einen
mehr beachtet, verliert die Liebe und das
Vertrauen beider.

Wenn ihr zwischen den Hügeln im kühlen
Schatten der weißen Pappeln sitzt und
am Frieden und der Heiterkeit der Felder und
Wiesen teilhabt – dann laßt euer Herz
schweigend sagen: «Gott ruht in der Vernunft.»
Und wenn der Sturm kommt und der
mächtige Wind den Wald erschüttert und Donner
und Blitz die Erhabenheit des Himmels
verkünden – dann laßt euer Herz in Ehrfurcht sagen:
«Gott bewegt sich in der Leidenschaft.»

Und da ihr ein Atemzug in Gottes Sphäre
seid und ein Blatt in Gottes Wald,
sollt auch ihr in der Vernunft ruhen und in
der Leidenschaft euch regen.

Und eine Frau sagte:
Sprich uns vom Schmerz.
Und er antwortete:
Euer Schmerz ist das Zerbrechen
der Schale, die euer Verstehen umschließt.
Wie der Kern der Frucht zerbrechen muß,
damit sein Herz die Sonne erblicken
kann, so müßt auch ihr den Schmerz erleben.
Und könntet ihr in eurem Herzen das
Staunen über die täglichen Dinge des Lebens
bewahren, würde euch der Schmerz nicht
weniger wundersam scheinen als die Freude;
Und ihr würdet die Jahreszeiten eures Herzens
hinnehmen, wie ihr stets die Jahreszeiten
hingenommen habt, die über eure Felder streifen.

Vom Schmerz

Und ihr würdet die Winter eures Kummers mit
Heiterkeit überstehen.

Vieles von eurem Schmerz ist selbstgewählt.
Er ist der bittere Trank, mit dem der Arzt in euch
das kranke Ich heilt.
Daher traut dem Arzt und trinkt seine Arznei
schweigend und still:
Denn seine Hand, obwohl schwer und hart,
wird von der zarten Hand des Unsichtbaren gelenkt,
Und der Becher, den er bringt, ist,
obwohl er eure Lippen verbrennt, geformt aus
dem Ton, den der Töpfer mit seinen heiligen
Tränen benetzt hat.

Und ein Mann sagte:
Sprich uns von der Selbsterkenntnis.
Und er antwortete und sagte:
Eure Herzen kennen im stillen die Geheimnisse
der Tage und Nächte.
Aber eure Ohren dürsten nach den Klängen
des Wissens in euren Herzen.
Ihr wollt in Worten wissen, was ihr in Gedanken
immer gewußt habt.
Ihr wollt mit den Händen den nackten Körper
eurer Träume berühren.

Und das ist gut so.
Die verborgene Quelle eurer Seele muß unbedingt
emporsteigen und murmelnd zum Meer fließen;

Und der Schatz eurer unendlichen Tiefen möchte
euren Augen offenbart werden.
Aber wiegt den unbekannten Schatz nicht mit
Waagschalen.
Und erforscht die Tiefen eures Wissens nicht
mit Meßstock oder Senkschnur.
Denn das Ich ist ein Meer, grenzenlos und
unermeßlich.

Sagt nicht: «Ich habe die Wahrheit gefunden»,
sondern lieber: «Ich habe eine Wahrheit gefunden.»
Sagt nicht: «Ich habe den Pfad der Seele gefunden.»
Sagt lieber: «Ich habe die Seele auf meinem
Pfad wandelnd getroffen.»
Denn die Seele wandelt auf allen Pfaden.
Die Seele wandelt nicht auf einer Linie, noch
wächst sie wie ein Schilfrohr.
Die Seele entfaltet sich wie eine Lotosblume mit
zahllosen Blättern.

Dann sagte ein Lehrer:
Sprich uns vom Lehren.
Und er sagte:
Niemand kann euch etwas eröffnen,
das nicht schon im Dämmern eures Wissens
schlummert.
Der Lehrer, der zwischen seinen Jüngern im
Schatten des Tempels umhergeht, gibt nicht von
seiner Weisheit, sondern eher von seinem
Glauben und seiner Liebe.
Wenn er wirklich weise ist, fordert er euch nicht auf,
ins Haus seiner Weisheit einzutreten, sondern
führt euch an die Schwelle eures eigenen Geistes.

Der Astronom kann euch von seinem
Verständnis des Weltraums reden, aber er kann euch
nicht sein Verständnis geben.
Der Musiker kann euch vom Rhythmus singen,
der im Weltraum ist, aber er kann euch weder
das Ohr geben, das den Rhythmus festhält, noch die
Stimme, die ihn wiedergibt.
Und wer der Wissenschaft der Zahlen kundig ist,
kann vom Reich der Gewichte und Maße berichten,
aber er kann euch nicht dorthin führen.

Denn die Einsicht eines Menschen verleiht
ihre Flügel keinem anderen.
Und wie jeder von euch allein in Gottes Wissen
steht, so muß jeder von euch allein in seinem
Wissen von Gott und seinem Verständnis der Erde
sein.

Und ein junger Mann sagte:
Sprich uns von der Freundschaft.
Und er antwortete und sagte:
Euer Freund ist die Antwort auf eure Nöte.
Er ist das Feld, das ihr mit Liebe besät und
mit Dankbarkeit erntet.
Und er ist euer Tisch und euer Herd.
Denn ihr kommt zu ihm mit eurem Hunger,
und ihr sucht euren Frieden bei ihm.

Wenn euer Freund frei heraus spricht,
fürchtet ihr weder das «Nein» in euren Gedanken,
noch haltet ihr mit dem «Ja» zurück.
Und wenn er schweigt, hört euer Herz nicht auf,
dem seinen zu lauschen;

Denn in der Freundschaft werden alle Gedanken,
alle Wünsche, alle Erwartungen ohne Worte geboren
und geteilt, mit Freude, die keinen Beifall braucht.
Wenn ihr von eurem Freund weggeht,
trauert ihr nicht;
Denn was ihr am meisten an ihm liebt, ist vielleicht
in seiner Abwesenheit klarer, wie der Berg dem
Bergsteiger von der Ebene aus klarer erscheint.

Und die Freundschaft soll keinen anderen
Zweck haben, als den Geist zu vertiefen.
Denn Liebe, die etwas anderes sucht als die
Offenbarung ihres eigenen Mysteriums,
ist nicht Liebe, sondern ein ausgeworfenes Netz:
und nur das Nutzlose wird gefangen.

Und laßt euer Bestes für euren Freund sein.
Wenn er die Ebbe eurer Gezeiten kennen muß,
laßt ihn auch das Hochwasser kennen.
Denn was ist ein Freund, wenn ihr ihn nur aufsucht,
um die Stunden totzuschlagen?
Sucht ihn auf, um die Stunden mit ihm zu erleben.
Denn er ist da, eure Bedürfnisse zu befriedigen,
nicht aber eure Leere auszufüllen.
Und in der Süße der Freundschaft laßt Lachen
sein und geteilte Freude.
Denn im Tau kleiner Dinge findet das Herz
seinen Morgen und wird erfrischt.

Und dann sagte ein Gelehrter: Sprich vom Reden.
Und er antwortete und sagte:
Ihr redet, wenn ihr aufhört, mit euren
Gedanken in Frieden zu sein;
Und wenn ihr nicht länger in der Einsamkeit
eures Herzens verweilen könnt, lebt ihr in
euren Lippen, und das Wort ist euch Ablenkung
und Zeitvertreib.
Und in vielen eurer Gespräche wird das
Denken halb ermordet.
Denn der Gedanke ist ein Vogel,
der Raum braucht und in einem Käfig von
Worten zwar seine Flügel ausbreiten,
aber nicht fliegen kann.

Vom Reden

Es sind welche unter euch, die den Redseligen
suchen, weil sie Angst haben, allein zu sein.
Die Stille des Alleinseins offenbart ihren Augen ihr
nacktes Ich, und sie möchten flüchten.
Und es sind welche unter euch, die reden und
dabei ohne Wissen oder Absicht eine Wahrheit
aufdecken, die sie selber nicht verstehen.
Und wieder andere haben die Wahrheit in sich,
aber sie drücken sie nicht in Worten aus.
In der Brust solcher Menschen weilt der Geist in
rhythmischer Stille.
Wenn ihr euren Freund auf der Straße oder
auf dem Marktplatz trefft, soll der Geist in euch
eure Lippen bewegen und eure Zunge lenken.
Soll die Stimme in eurer Stimme zum Ohr seines
Ohrs sprechen;
Denn seine Seele wird die Wahrheit eures
Herzens bewahren, wie man sich an den Geschmack
von Wein erinnert,
Wenn auch seine Farbe vergessen und
das Gefäß nicht mehr da ist.

Und ein Astronom sagte:
Meister, was ist mit der Zeit?
Und er antwortete:
Ihr wollt die Zeit messen, die maßlose und unermeßliche.
Nach Stunden und Jahreszeiten wollt ihr euren Wandel richten und sogar den Lauf des Geistes lenken.
Aus der Zeit wollt ihr einen Strom machen, an dessen Ufer ihr sitzt und zuschaut, wie er fließt.

Doch das Zeitlose in euch ist sich der Zeitlosigkeit des Lebens bewußt

Und weiß, daß Gestern nichts anderes ist
als die Erinnerung von Heute und Morgen der
Traum von Heute.
Und daß, was in euch singt und sinnt, immer noch
innerhalb der Grenzen jenes ersten Augenblicks
weilt, der die Sterne in den Weltraum schleuderte.
Wer unter euch fühlt nicht, daß seine Kraft zu
lieben grenzenlos ist?

Und wer fühlt dennoch nicht, daß die Liebe, obgleich grenzenlos, im Kern seines Seins eingeschlossen ist und nicht von Liebesgedanken zu Liebesgedanken oder von Liebestat zu Liebestat zieht?
Und ist nicht die Zeit wie die Liebe, ungeteilt und ungezügelt?
Doch wenn ihr in eurem Denken die Zeit in Jahreszeiten messen müßt, laßt eine jede Jahreszeit all die anderen umfassen,
Und laßt das Heute die Vergangenheit mit Erinnerung umschlingen und die Zukunft mit Sehnsucht.

Und einer der Ältesten der Stadt sagte:
Sprich uns vom Guten und Bösen.
Und er antwortete:
Vom Guten in euch kann ich sprechen,
aber nicht vom Bösen.
Denn was ist das Böse anderes als das Gute,
von seinem eigenen Hunger und Durst gequält?
Wahrhaftig, wenn das Gute hungrig ist, sucht
es Nahrung sogar in dunklen Höhlen; und wenn es
durstig ist, trinkt es sogar aus toten Gewässern.

Ihr seid gut, wenn ihr eins mit
euch seid.

Doch wenn ihr nicht eins mit euch seid, seid ihr
dennoch nicht böse.
Denn ein uneiniges Haus ist keine Räuberhöhle;
es ist nur ein entzweites Haus.
Und ein Schiff ohne Ruder kann ziellos
zwischen gefährlichen Inseln treiben und doch nicht
auf den Grund sinken.

Ihr seid gut, wenn ihr danach strebt, von euch
selber zu geben.
Doch ihr seid nicht böse, wenn ihr danach trachtet,
etwas für euch selber zu gewinnen.
Denn wenn ihr nach Gewinn trachtet,
seid ihr nichts als eine Wurzel, die sich an die Erde
klammert und an ihrer Brust saugt.
Sicher kann die Frucht nicht zur Wurzel sagen:
«Sei wie ich, reif und voll, und gib immer
von deiner Fülle.»
Denn für die Frucht ist das Geben eine Notwen-
digkeit, so wie Empfangen eine Notwendigkeit für
die Wurzel ist.

Ihr seid gut, wenn ihr hellwach seid in
eurer Rede.
Doch ihr seid nicht böse, wenn ihr schlaft,
während eure Zunge ziellos stammelt.
Und selbst holpriges Reden kann eine schwache
Zunge kräftigen.

Ihr seid gut, wenn ihr fest und mit kühnen
Schritten auf euer Ziel zugeht.
Doch ihr seid nicht böse, wenn ihr hinkend
darauf zugeht.
Selbst die Hinkenden gehen nicht rückwärts.
Aber ihr, die ihr stark und schnell seid,
seht zu, daß ihr nicht vor den Lahmen hinkt und
es für Freundlichkeit haltet.
Ihr seid auf zahllose Weisen gut, und ihr seid
nicht böse, wenn ihr nicht gut seid,
Ihr seid nur säumig und faul.
Schade, daß die Hirsche den Schildkröten nicht
Schnelligkeit beibringen können.

In eurer Sehnsucht nach eurem höchsten
Ich liegt eure Güte: und diese Sehnsucht ist in
allen von euch.
Aber in einigen von euch ist diese Sehnsucht
ein Wildwasser, das mit Macht zum Meer rast und
die Geheimnisse der Hügel und die Lieder des
Waldes mit sich trägt.
Und in anderen ist sie ein flacher Bach,
der sich in Windungen und Biegungen verliert und
sich aufhält, ehe er die Küste erreicht.
Aber wer viel ersehnt, sage nicht zu dem,
der wenig ersehnt:
«Warum bist du so langsam und zaghaft?»

Denn der wahrhaft Gute fragt nicht den Nackten:
«Wo ist dein Gewand?» und auch nicht den
Obdachlosen: «Was ist mit deinem Haus geschehen?»

Dann sagte eine Priesterin:
Sprich uns vom Beten.
Und er antwortete und sagte:
Ihr betet in eurer Not und Pein;
würdet ihr doch auch in der Fülle eurer Freude
und in den Tagen des Überflusses beten.

Denn was ist das Gebet anderes als die Entfaltung
eurer selbst in den lebendigen Äther hinein?
Und wenn es zu eurem Trost ist, das Finstere in
euch in den Raum zu ergießen, ist es auch zu
eurer Freude, die Morgenröte eures Herzens darin
zu verströmen.

Und wenn ihr nichts anderes könnt als weinen,
wenn eure Seele euch zum Beten aufruft,
sollte sie euch trotz des Weinens immer und
immer wieder dazu anspornen, bis ihr lacht.
Wenn ihr betet, erhebt ihr euch und trefft in
den Lüften jene, die zur selben Stunde beten und
denen ihr nur im Gebet begegnen könnt.
Daher soll euer Besuch in diesem unsichtbaren
Tempel nur der Verzückung und süßen Kommunion
dienen.
Denn wenn ihr den Tempel aus keinem anderen
Grund betreten solltet als zu bitten, werdet ihr nicht
empfangen:
Und wenn ihr ihn betreten solltet, um euch zu
erniedrigen, werdet ihr nicht erhöht:
Oder sogar wenn ihr ihn betreten solltet, um
zum Wohl anderer zu bitten, werdet ihr nicht erhört.
Es ist genug an sich, *daß* ihr den unsichtbaren
Tempel betretet.
Ich kann euch nicht lehren,
wie man in Worten betet.

Gott hört nicht auf eure Worte, außer wenn
Er selber sie durch eure Lippen ausspricht.
Und ich kann euch nicht das Gebet der Meere und
der Wälder und der Berge lehren.
Aber ihr, die ihr aus den Bergen und den
Wäldern und den Meeren geboren seid, könnt ihr
Gebet in eurem Herzen finden,
Und wenn ihr nur in der Stille der Nacht hinhört,
werdet ihr sie schweigend sagen hören:
«Unser Gott, der du bist unser geflügeltes Ich,
es ist dein Wille in uns, der will.
Es ist dein Wunsch in uns, der wünscht.
Es ist dein Drängen in uns, das unsere Nächte,
die dein sind, in Tage verwandelt, die auch dein sind.
Wir können dich um nichts bitten,
denn du kennst unsere Bedürfnisse, ehe sie in uns
geboren werden;
dich brauchen wir; und indem du uns mehr von
dir gibst, gibst du uns alles.»

Dann trat ein Einsiedler vor, der die Stadt einmal
im Jahr besuchte, und sagte:
Sprich uns vom Vergnügen.
Und er antwortete und sagte:
Vergnügen ist ein Lied der Freiheit,
Aber es ist keine Freiheit.
Es ist die Blüte eurer Wünsche,
Aber es ist nicht ihre Frucht.

Es ist eine Tiefe, die nach einer Höhe ruft,
Aber es ist weder tief noch hoch.
Es ist das Vergitterte, das sich davonschwingt,
Aber es ist nichts Raumumfassendes.
Ja, wahrhaftig, Vergnügen ist ein Lied der Freiheit.
Und gerne hätte ich, ihr würdet es aus vollem

Herzen singen; doch will ich nicht, daß ihr
eure Herzen beim Singen verliert.

Einige Junge unter euch suchen das
Vergnügen, als sei es alles, und sie werden
getadelt und verurteilt.
Ich würde sie weder tadeln noch verurteilen.
Ich würde sie suchen lassen.
Denn sie werden Vergnügen finden, aber nicht es
allein;
Sieben Schwestern hat es an der Zahl,
und die geringste von ihnen ist schöner als
das Vergnügen.
Habt ihr nicht von dem Mann gehört, der in der
Erde nach Wurzeln grub und einen Schatz fand?

Und einige Ältere unter euch erinnern sich
an Vergnügungen mit Bedauern wie an Untaten,
begangen in der Trunkenheit.

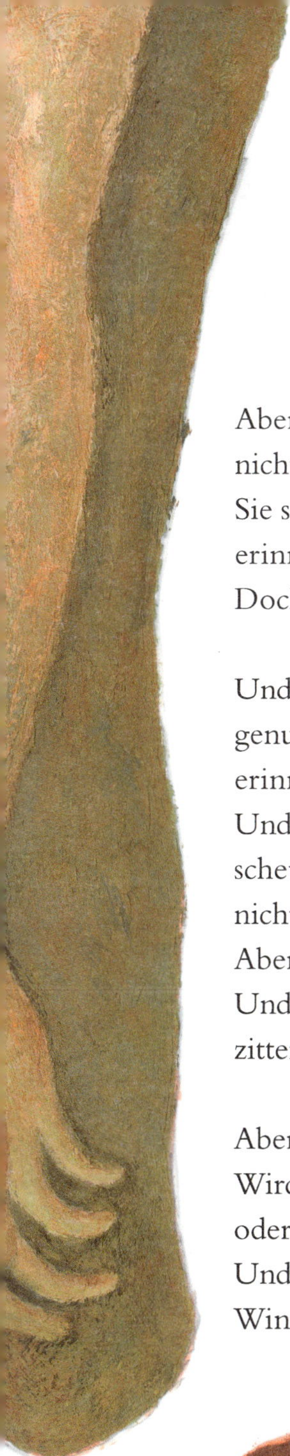

Aber Bedauern ist die Trübung des Geistes und
nicht seine Läuterung.
Sie sollten sich ihrer Vergnügungen mit Dankbarkeit
erinnern, wie an die Ernte eines Sommers.
Doch wenn Bedauern sie tröstet, soll es sie trösten.

Und es sind welche unter euch, die weder jung
genug sind, um zu suchen, noch alt genug, um sich zu
erinnern;
Und in ihrer Angst vor dem Suchen und Erinnern
scheuen sie alle Vergnügungen, damit sie den Geist
nicht vernachlässigen oder sich daran versündigen.
Aber selbst in ihrem Verzicht liegt Vergnügen.
Und so finden auch sie einen Schatz, obwohl sie mit
zitternden Händen nach Wurzeln graben.

Aber sagt mir, wer kann den Geist verletzen?
Wird die Nachtigall die Stille der Nacht verletzen
oder der Glühwurm die Sterne?
Und wird eure Flamme oder euer Rauch dem
Wind etwas aufbürden?

Vom Vergnügen

Meint ihr, der Geist sei ein stiller Tümpel,
den ihr mit einem Stab aufwirbeln könnt?

Oft, indem ihr euch Vergnügen versagt,
verlagert ihr bloß das Verlangen danach in die
dunklen Winkel eures Seins.
Wer weiß, ob was heute ausgelassen scheint,
nicht auf morgen wartet?
Selbst euer Körper kennt sein Erbe und seine berechtigten Bedürfnisse und will nicht betrogen werden.
Und euer Körper ist die Harfe eurer Seele,
Und es ist an euch, süße Musik aus ihm zu locken
oder wirre Töne.

Und nun fragt ihr in eurem Herzen:
«Wie sollen wir das Gute am Vergnügen von dem
unterscheiden, was nicht gut ist?»
Geht auf eure Felder und in eure Gärten, und
ihr werdet lernen, daß es der Biene ein
Vergnügen ist, Honig aus der Blume zu sammeln,

Aber es ist auch der Blume ein Vergnügen, ihren
Honig der Biene zu geben.

Denn der Biene ist die Blume ein Quell
des Lebens,
Und der Blume ist die Biene ein Bote
der Liebe,
Und beiden, Biene und Blume, ist es Bedürfnis und
Verzückung, Vergnügen zu geben und zu nehmen.
Leute von Orphalese, seid in euren
Vergnügungen wie die Blumen und die Bienen.

Und ein Dichter sagte:
Sprich uns von der Schönheit.
Und er antwortete:
Wo werdet ihr Schönheit suchen und sie finden,
wenn sie nicht selber euer Weg und Führer ist?
Und wie werdet ihr von ihr sprechen,
wenn sie nicht selber die Weberin eurer Rede ist?

Die Gekränkten und Verletzten sagen:
«Schönheit ist gütig und sanft.
Wie eine junge Mutter, ein wenig schüchtern wegen
ihrer eigenen Herrlichkeit, geht sie unter uns.»
Und die Leidenschaftlichen sagen:

«Nein, Schönheit ist ein machtvolles und
furchterregendes Wesen.
Wie der Sturm schüttelt sie die Erde unter uns und
den Himmel über uns.»
Die Müden und die Erschöpften sagen:
«Schönheit ist sanftes Geflüster.
Sie spricht in unserem Geist.
Ihre Stimme fügt sich unserer Stille wie
ein schwaches Licht, das in Angst vor dem
Schatten zittert.»
Doch die Ruhelosen sagen:
«Wir haben sie in den Bergen rufen hören,
Und mit ihren Rufen kamen Hufgeräusche und
Flügelschlagen und Löwengebrüll.»

Bei Nacht sagen die Wächter der Stadt:
«Schönheit wird sich mit der Morgenröte aus
dem Osten erheben.»
Und zur Mittagszeit sagen die Arbeiter und
Wanderer:

«Wir haben gesehen, wie sie sich aus den
Fenstern der Abendröte über die Erde neigte.»
Im Winter sagen die Eingeschneiten:
«Sie wird mit dem Frühling über die Hügel
gesprungen kommen.»
Und in der Sommerhitze sagen die Schnitter:
«Wir haben sie mit den Herbstblättern tanzen sehen,
einen Schneestreif im Haar.»

All das habt ihr von der Schönheit gesagt,
Doch in Wahrheit spracht ihr nicht von ihr, sondern
von unbefriedigten Bedürfnissen,
Und Schönheit ist kein Bedürfnis, sondern
eine Verzückung.
Sie ist weder ein dürstender Mund noch eine
leere ausgestreckte Hand,
Sondern ein entflammtes Herz und eine
verzauberte Seele.
Sie ist weder das Bild, das ihr sehen möchtet,
noch das Lied, das ihr hören möchtet,
Sondern ein Bild, das ihr seht, obwohl ihr eure

Augen zumacht, und ein Lied, das ihr hört,
obwohl ihr eure Ohren verschließt.
Sie ist weder der Saft in der schrundigen
Rinde noch ein Flügel an einer Klaue,
Sondern ein Garten in ständiger Blüte und
eine Engelschar in stetigem Flug.

Leute von Orphalese, Schönheit ist Leben,
wenn das Leben sein heiliges Gesicht entschleiert.
Aber ihr seid das Leben, und ihr seid der Schleier.
Schönheit ist Ewigkeit, die sich in
einem Spiegel anschaut.
Aber ihr seid die Ewigkeit, und ihr seid der Spiegel.

Und ein alter Priester sagte:
Sprich uns von der Religion.
Und er antwortete:
Habe ich heute von etwas anderem gesprochen?
Ist nicht jede Tat und jede Betrachtung Religion?
Und ist sie nicht gleichzeitig weder Tat noch
Nachdenken, sondern ein Wunder und eine
Überraschung, die ewig der Seele entspringen, selbst
während die Hände den Stein behauen oder den
Webstuhl bedienen?
Wer kann seinen Glauben von seinen Taten trennen
oder seinen Glauben von seinen Tätigkeiten?
Wer kann seine Stunden vor sich selber ausbreiten
und sagen:
«Dies für Gott und dies für mich; dies für meine
Seele und dies für meinen Körper?»

All eure Stunden sind Flügel, die von Ich zu
Ich durch den Raum gleiten.
Wer seine Sittlichkeit bloß als sein bestes Gewand
trägt, wäre besser nackt.
Der Wind und die Sonne werden keine Löcher
in seine Haut reißen.
Und wer seinen Lebenswandel durch die Sittenlehre
begrenzt, sperrt seinen
Singvogel in einen Käfig.
Das freieste Lied dringt nicht durch Gitter und
Draht.
Und wem die Andacht ein Fenster ist, das man
öffnet und schließt, der hat noch nicht das
Haus seiner Seele besucht, dessen Fenster von
Morgenröte zu Morgenröte reichen.

Euer tägliches Leben ist euer Tempel und eure
Religion.
Wann immer ihr ihn betretet, nehmt alles mit,
was ihr habt.

Nehmt den Pflug und den Amboß und den
Hammer und die Laute,
Die Dinge, die ihr aus Notwendigkeit oder
zur Freude geschaffen habt.
Denn in euren Tagträumen könnt ihr euch nicht
über eure Leistungen erheben und auch nicht tiefer
fallen als eure Mißerfolge.
Und nehmt mit euch alle Menschen:
Denn in der Anbetung könnt ihr nicht höher
fliegen als *ihre* Hoffnungen und euch nicht tiefer
erniedrigen als *ihre* Hoffnungslosigkeit.

Und wenn ihr Gott erkennen wollt, bildet euch
deshalb nicht ein, die Rätsel lösen zu können.
Schaut lieber um euch, und ihr werdet sehen,
wie Er mit euren Kindern spielt.
Und schaut in den Raum; ihr werdet sehen, wie
Er in der Wolke geht und Seine Arme im Blitz
ausstreckt und im Regen herabsteigt.
Ihr werdet sehen, wie Er in den Blumen lächelt,
aufsteigt und aus den Bäumen winkt.

Dann sprach Almitra:
Wir möchten nun nach dem Tod fragen.
Und er sagte:
Ihr möchtet das Geheimnis des Todes kennenlernen.
Aber wie werdet ihr es finden, wenn ihr es nicht im Herzen des Lebens sucht?
Die Eule, deren Nachtaugen am Tag blind sind, kann das Mysterium des Lichts nicht entschleiern.
Wenn ihr wirklich den Geist des Todes schauen wollt, öffnet eure Herzen weit dem Körper des Lebens.
Denn Leben und Tod sind eins, so wie der Fluß und das Meer eins sind.

Vom Tod

In der Tiefe eurer Hoffnungen und Wünsche liegt
euer stilles Wissen um das Jenseits;
Und wie Samen, der unter dem Schnee träumt,
träumt euer Herz vom Frühling.
Traut den Träumen, denn in ihnen ist das Tor zur
Ewigkeit verborgen.

Eure Angst vor dem Tod ist nichts als das
Zittern des Hirten, wenn er vor dem König steht,
der ihm zur Ehre die Hand auflegen wird.
Freut sich der Hirte unter seinem
Zittern nicht, daß er das Zeichen des Königs
tragen wird?
Doch gewahrt er sein Zittern nicht viel mehr?

Denn was heißt sterben anderes, als nackt im
Wind zu stehen und in der Sonne zu schmelzen?
Und was heißt nicht mehr zu atmen anderes,
als den Atem von seinen rastlosen Gezeiten zu
befreien, damit er emporsteigt und sich
entfaltet und ungehindert Gott suchen kann?

Nur wenn ihr vom Fluß der Stille trinkt,
werdet ihr wirklich singen.
Und wenn ihr den Gipfel des Berges erreicht habt,
dann werdet ihr anfangen zu steigen.
Und wenn die Erde eure Glieder fordert,
dann werdet ihr wahrhaft tanzen.

Und nun war es Abend.
Und Almitra, die Seherin, sagte:
Gesegnet sei dieser Tag und dieser Ort und
dein Geist, der geredet hat.
Und er antwortete:
War ich der Redner?
War ich nicht auch ein Zuhörer?

Dann ging er die Stufen des Tempels hinab,
und alle folgten ihm. Und er erreichte sein Schiff
und blieb auf dem Deck stehen.
Und sich nochmals an die Menschen wendend,
erhob er die Stimme und sagte:
Leute von Orphalese, der Wind gebietet mir,
euch zu verlassen.

Ich habe es weniger eilig als der Wind,
doch ich muß gehen.
Wir Wanderer, die immer den einsameren
Weg suchen, beginnen keinen Tag, wo wir den
letzten beendet haben; und kein Sonnenaufgang
findet uns, wo der Sonnenuntergang uns verließ.
Selbst während die Erde schläft, reisen wir.
Wir sind die Samen der beharrlichen Pflanze,
und in unserer Reife und unserer Fülle des
Herzens werden wir dem Wind preisgegeben
und verstreut.

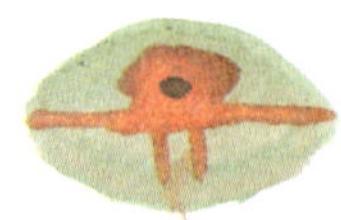

Kurz waren meine Tage unter euch und kürzer
noch die Worte, die ich gesprochen habe.
Doch sollte meine Stimme in eurem Ohr
verklingen und meine Liebe eurer Erinnerung
entschwinden, dann werde ich wiederkommen,
Und mit reicherem Herzen und dem Geist
willfährigeren Lippen werde ich sprechen.
Ja, ich werde wiederkehren mit der Flut,
Und mag der Tod mich verbergen und die größere

Stille mich umhüllen, ich werde dennoch wieder
euer Verstehen suchen.
Und nicht vergeblich werde ich suchen.
Wenn etwas wahr ist, das ich gesagt habe, wird
diese Wahrheit sich in einer klareren Stimme
offenbaren und in Worten, die euren Gedanken
enger verwandt sind.

Ich fahre mit dem Wind, Leute von Orphalese,
aber nicht in die Leere hinunter;
Und wenn dieser Tag nicht eine Erfüllung eurer
Bedürfnisse und meiner Liebe ist, dann laßt ihn ein
Versprechen auf einen anderen Tag sein.
Die Bedürfnisse des Menschen ändern sich, aber
nicht seine Liebe und nicht sein Wunsch,
daß seine Liebe seine Bedürfnisse befriedigen sollte.
Darum wißt, daß ich aus der größeren Stille
zurückkehren werde.

Der Nebel, der in der Morgenröte wegzieht und
nichts als Tau auf den Feldern zurückläßt, wird

emporsteigen und sich in einer Wolke
sammeln und dann im Regen niederfallen.
Und nicht viel anders als der Nebel bin ich gewesen.
In der Stille der Nacht bin ich durch eure Straßen
gegangen, und mein Geist ist in eure Häuser
eingekehrt,
Und eure Herzschläge waren in meinem Herzen,
und euer Atem war auf meinem Gesicht,
und ich kannte euch alle.
Ja, ich kannte eure Freude und euren Schmerz, und
wenn ihr schlieft, waren eure Träume die meinen.
Und oft war ich unter euch ein See zwischen
Bergen.
Ich spiegelte die Gipfel in euch und die sich
neigenden Abhänge und sogar die vorbeiziehenden
Herden eurer Gedanken und eurer Wünsche.
Und in meine Stille drang das Lachen
eurer Kinder in Bächen und die Sehnsucht eurer
Jugendlichen in Strömen.
Und als sie meine Tiefe erreichten, hörten die Bäche
und die Ströme noch nicht auf zu singen.

Aber Süßeres noch als Lachen und Größeres
noch als Sehnsucht kam zu mir.
Es war das Grenzenlose in euch;
Der unermeßliche Mensch, in dem ihr nichts
anderes seid als Zellen und Sehnen;
Er, in dessen Gesang all euer Singen nichts als
ein tonloses Pochen ist.
In ihm, dem unermeßlichen Menschen,
seid ihr unermeßlich,
Und indem ihr ihn erschautet, erschaute ich euch
und liebte euch.
Denn welche Entfernungen kann Liebe erreichen,
die nicht in jener unermeßlichen Sphäre sind?
Welche Visionen, welche Erwartungen und
welche Mutmaßungen können
sich höher aufschwingen als ihr Flug?
Wie eine riesige Eiche, bedeckt mit Apfelblüten,
ist der unermeßliche Mensch in euch.
Seine Macht bindet euch an die Erde,
sein Duft hebt euch in den Raum, und in seiner
Dauerhaftigkeit seid ihr unsterblich.

Euch ist gesagt worden, daß ihr gleich einer Kette
so schwach seid wie euer schwächstes Glied.
Dies ist nur die halbe Wahrheit. Ihr seid auch so stark
wie euer stärkstes Glied.
Euch nach eurer geringsten Tat zu messen,
heißt, die Kraft des Ozeans nach der Zartheit seines
Schaums zu berechnen.
Euch nach euren Mißerfolgen zu beurteilen, heißt,
den Jahreszeiten ihre Unbeständigkeit vorzuwerfen.

Ja, ihr seid wie ein Ozean,
Und obwohl fest verankerte Schiffe an euren Küsten
die Flut erwarten, könnt ihr wie der Ozean doch
nicht die Flut schneller herbeiführen.
Und auch wie die Jahreszeiten seid ihr,
Und obwohl ihr in eurem Winter euren Frühling
leugnet,
Ruht doch der Frühling in euch und lächelt in seiner
Benommenheit und ist nicht gekränkt.
Glaubt nicht, ich sage diese Dinge, damit der eine zu
dem anderen sagt:

«Er hat uns hoch gelobt. Er sah nichts als das Gute in uns.»
Ich drücke nur in Worten für euch aus, was ihr in Gedanken selber wißt.
Und was ist Wissen in Worten anderes als ein Schatten wortlosen Wissens?
Eure Gedanken und meine Worte sind Wellen aus einem versiegelten Gedächtnis, das Bericht gibt von unseren gestrigen Tagen,
Und von den alten Tagen, da die Erde weder uns noch sich selber kannte,
Und von Nächten, da die Erde in Verwirrung aufgewühlt war.
Weise sind zu euch gekommen, um euch von ihrer Weisheit zu geben. Ich kam, um von eurer Weisheit zu nehmen:
Und, seht, ich habe gefunden, was größer ist als Weisheit. Es ist ein Flammengeist in euch, der sich immer mehr steigert,
Während ihr, seiner Entfaltung ungeachtet, das Vergehen eurer Tage beklagt.

Nur ein Leben, das das Leben im Körper sucht, fürchtet das Grab.

Hier gibt es keine Gräber.
Diese Berge und Ebenen sind eine Wiege und ein Trittstein.
Jedesmal, wenn ihr an dem Feld vorbeikommt, in dem ihr eure Vorfahren beigesetzt habt, schaut richtig hin, und ihr werdet euch und eure Kinder Hand in Hand tanzen sehen.
Wahrhaftig, ihr seid oft vergnügt, ohne es zu wissen.
Andere sind zu euch gekommen, denen ihr für goldene Versprechungen, die sie euch auf euer Vertrauen hin gemacht haben, bloß Reichtum, Macht und Ruhm gegeben habt.
Weniger als ein Versprechen habe ich gegeben, und doch seid ihr großzügiger zu mir gewesen.
Ihr habt mir meinen tieferen Lebensdurst gegeben.
Sicher gibt es kein größeres Geschenk für einen Menschen als das, was all seine Ziele zu brennenden Lippen und alles Leben zu einem Brunnen macht.

Und darin liegt meine Ehre und meine Belohnung:
Jedesmal, wenn ich zum Trinken an den Brunnen komme, finde ich das lebendige Wasser selber durstig;
Und es trinkt mich, während ich es trinke.
Manche von euch haben mich für zu stolz und zu scheu gehalten, um Geschenke anzunehmen.
Zu stolz bin ich wirklich, um Lohn anzunehmen, aber nicht, um Geschenke zu empfangen.
Und obwohl ich Beeren in den Hügeln gegessen habe, als ich an euren Tisch geladen war,
Und im Säulengang des Tempels geschlafen habe, als ihr mir mit Freude Obdach gewährt hättet,
War es zugleich nicht doch eure liebende Sorge um meine Tage und Nächte, die meinem Mund das Essen versüßte und meinen Schlaf mit Visionen umschloß?
Dafür segne ich euch am meisten:
Ihr gebt viel und wißt nicht, daß ihr etwas gebt.
Die Güte dagegen, die sich im Spiegel anschaut, wird zu Stein,
Und eine gute Tat, die sich mit zärtlichen Namen nennt, gebiert einen Fluch.

Und manche von euch haben mich unnahbar und
von meinem Alleinsein trunken genannt,
Und ihr habt gesagt: «Er berät sich mit den Bäumen
des Waldes, aber nicht mit Menschen.
Er sitzt allein auf Hügeln und schaut auf unsere
Stadt herab.»
Wahr ist, ich bin auf die Hügel gestiegen und an ent-
fernten Orten gewandert.
Wie hätte ich euch sehen können, wenn nicht aus
großer Höhe oder weiter Ferne?
Wie kann man wirklich nah sein, wenn man nicht
weit ist?

Und andere unter euch schalten mich ohne Worte,
und sie sagten:
«Fremder, Liebhaber unerreichbarer Höhen,
warum wohnst du in den Gipfeln, wo Adler ihre
Nester bauen?
Welche Stürme willst du in deinem Netz fangen,
Und welche phantastischen Vögel jagst du am
Himmel?

Komm und sei einer von uns!
Steig herab und still deinen Hunger mit unserem
Brot und lösche deinen Durst mit unserem Wein!»
In der Einsamkeit ihrer Seelen sagten sie diese
Dinge;
Doch wäre ihre Einsamkeit tiefer gewesen,
hätten sie gewußt, daß ich nichts suchte als das
Geheimnis eurer Freude und eures Schmerzes,
Und nur nach eurem höheren Ich jagte,
das durch den Himmel streift.
Doch der Jäger war auch der Gejagte;
Denn viele meiner Pfeile verließen meinen Bogen
nur, um meine eigene Brust zu suchen.
Und der Fliegende war auch der Kriechende;
Denn als meine Flügel in der Sonne
ausgebreitet waren, war ihr Schatten auf der Erde
eine Schildkröte.
Und ich, der Gläubige, war auch der Zweifler;
Denn oft habe ich den Finger in die eigene Wunde
gelegt, damit mein Glaube an euch stärker und mein
Wissen um euch größer werde.

Und mit diesem Glauben und diesem
Wissen sage ich,
Ihr seid nicht in euren Körpern
eingeschlossen, noch an die Häuser oder Felder
gebunden.
Das, was ihr seid, wohnt über dem Berg und treibt
mit dem Wind.
Es ist nicht etwas, das in der Sonne kriecht,
um sich zu wärmen oder Löcher ins Dunkel gräbt,
um sicher zu sein,
Sondern etwas Freies, ein Geist, der die Erde
umhüllt und sich im Äther bewegt.

Wenn dies unklare Worte sind, dann sucht nicht,
sie zu klären.
Unklar und nebelhaft ist der Beginn aller Dinge,
doch nicht ihr Ende,
Und ich hätte gern, daß ihr an mich als einen Beginn
denkt.
Das Leben und alles, was lebt, ist im Nebel gezeugt
und nicht im Kristall.

Und wer weiß, ob ein Kristall etwas anderes ist als
Nebel in Zersetzung?

Darum möchte ich, daß ihr in der Erinnerung an
mich denkt:
Was am schwächsten und verwirrtesten in euch
scheint, ist das Stärkste und Entschlossenste.
Ist es nicht euer Atem, der den Bau eurer Knochen
aufgerichtet und gefestigt hat?
Und ist es nicht ein Traum, an den keiner von euch
sich erinnert, der eure Stadt baute und alles schuf,
was darin ist?
Könntet ihr nur den Strom dieses Atems sehen,
würdet ihr alles andere nicht mehr sehen,
Und wenn ihr das Geflüster des
Traums hören könntet, würdet ihr keinen anderen
Ton mehr hören.

Aber ihr seht nicht, und ihr hört nicht, und das ist gut.
Der Schleier, der eure Augen umwölkt, wird
gehoben werden von den Händen, die ihn webten,

Und der Lehm, der eure Ohren füllt, wird durchbohrt werden von den Fingern, die ihn kneteten.
Und ihr werdet sehen.
Und ihr werdet hören.
Doch werdet ihr nicht beklagen,
die Blindheit gekannt zu haben, noch bedauern,
taub gewesen zu sein.
Denn an jenem Tag werdet ihr den verborgenen
Sinn in allen Dingen erkennen,
Und ihr werdet die Dunkelheit preisen, wie ihr
das Licht preisen würdet.

Nachdem er das gesagt hatte, schaute er um sich, und er sah den Lotsen seines Schiffes am Steuer stehen und nun auf die vollen Segel und dann wieder in die Weite schauen.
Und er sagte:
Geduldig, allzu geduldig ist der Kapitän meines
Schiffes.
Der Wind weht, und rastlos sind die Segel;
Selbst das Ruder bittet um Lenkung;

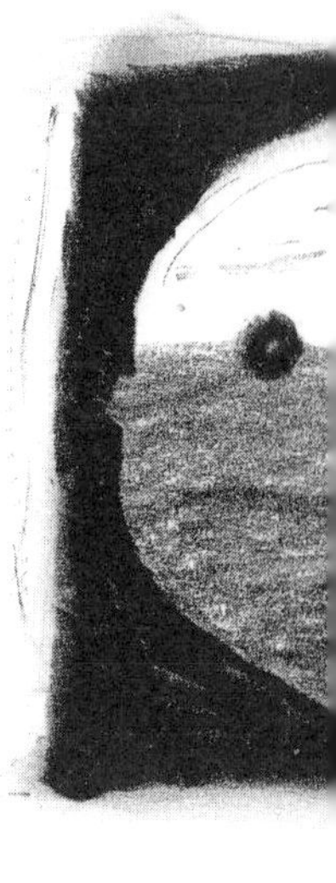

Doch ruhig wartet mein Kapitän,
daß ich schweige.
Und meine Seeleute, die den Chor des
offenen Meeres gehört haben, auch sie haben mir
geduldig zugehört.
Nun sollen sie nicht länger warten.
Ich bin bereit.
Der Strom hat das Meer erreicht, und noch einmal
drückt die große Mutter ihren Sohn an die Brust.

Lebt wohl, Leute von Orphalese.
Dieser Tag ist zu Ende.
Er schließt sich über uns wie sich die Wasserlilie bis
zum nächsten Morgen schließt.
Was uns hier gegeben wurde, werden wir bewahren,
Und wenn es nicht genügt, dann müssen wir
abermals zusammenkommen und zusammen unsere
Hände dem Geber entgegenstrecken.

Vergeßt nicht, daß ich zu euch zurückkommen
werde.

Eine kleine Weile noch, und meine Sehnsucht
wird Staub und Schaum für einen anderen Körper
sammeln.
Eine kleine Weile noch, ein Augenblick des Ruhens
auf dem Wind, und eine andere Frau wird mich gebären.
Lebt wohl, ihr und die Jugend, die ich bei euch verbracht habe.
Erst gestern begegneten wir uns in einem Traum.
Ihr habt in meinem Alleinsein gesungen,
und aus euren Sehnsüchten habe ich einen Turm in
den Himmel gebaut.
Doch nun ist unser Schlaf entflohen, und unser
Traum ist vorbei, und die Morgenröte ist vorüber.
Der Mittag steht über uns, und unser halbes Wachen
ist zum volleren Tag geworden, und wir müssen
scheiden.
Wenn wir uns im Dämmer der Erinnerung noch
einmal begegnen sollten, werden wir wieder
miteinander reden, und ihr werdet mir ein tieferes
Lied singen.

Und wenn unsere Hände sich in einem anderen Traum begegnen sollten, werden wir einen weiteren Turm in den Himmel bauen.
Mit diesen Worten gab er den Seeleuten ein Zeichen, und sofort lichteten sie den Anker und lösten das Schiff von seiner Vertäuung und fuhren gen Osten.
Und ein Schrei erhob sich von den Menschen wie aus *einer* Brust, und er stieg in die Dämmerung und wurde wie von Fanfaren übers Meer getragen.
Nur Almitra schwieg und schaute dem Schiff nach, bis es im Nebel verschwunden war.
Und als die Menge sich zerstreut hatte, blieb sie noch allein auf der Kaimauer stehen und erinnerte sich in ihrem Herzen seiner Worte:
«Eine kleine Weile noch, ein Augenblick des Ruhens auf dem Wind, und eine andere Frau wird mich gebären.»

Inhalt

Die französische von Michele Ferri illustrierte Originalausgabe
erschien unter dem Titel «Le Prophète – Illustrations Michele Ferri»
© 1996, Albin Michel Jeunesse, Paris

Die amerikanische Originalausgabe des Textes erschien
unter dem Titel «The Prophet» im Verlag A. Knopf, New York
© Comité National de Gibran, Becharré 1972

Die Übersetzung aus dem Amerikanischen
besorgte Karin Graf,
die Übersetzung des Vorworts aus dem Französischen
besorgte Barbara Brandi

Die Deutsche Bibliothek – CIP-Einheitsaufnahme
Ǧibrān, Ǧibrān Ḫalīl:
Der Prophet / Khalil Gibran
Illustrationen von Michele Ferri.
[Aus dem Engl. von Karin Graf.
Vorwort aus dem Franz. von Barbara Brandi.]
– Zürich ; Düsseldorf : Walter, 1998
Einheitssacht.: Le Prophète <dt.>
ISBN 3-530-10016-1

Satz: Jung Satzcentrum Lahnau
Druck und Bindung: Pollina, Luçon
Printed in France
ISBN 3-530-10016-1